Der Sonne Licht

Der Sonne Licht

Lesebuch der Freien Waldorfschule

Herausgegeben von
Caroline von Heydebrand

überarbeitet und erweitert von
Hansjörg Hofrichter

J. Ch. Mellinger Verlag

edition waldorf

Die Herausgabe erfolgt in Zusammenarbeit
mit der Pädagogischen Forschungsstelle
beim Bund der Freien Waldorfschulen

Dieses Buch wurde auf FSC-zertifiziertem Papier gedruckt.
Es folgt der reformierten Rechtschreibung und Zeichensetzung.
Ausnahmen bilden Texte bei denen künstlerische, philologische oder
lizenzrechtliche Gründe einer Veränderung entgegenstehen.

19., überarbeitete Auflage 2012, 92.–94. Tausend

ISBN 978-3-88069-408-8
www.mellingerverlag.de

Der Sonne Licht durchflutet
Des Raumes Weiten,
Der Vögel Singen durchhallet
Der Luft Gefilde,
Der Pflanzen Segen entkeimet
Dem Erdenwesen,
Und Menschenseelen erheben
In Dankgefühlen
Sich zu den Geistern der Welt.

Rudolf Steiner

LIED DER SONNE

ICH BIN DIE MUTTER SONNE UND TRAGE
DIE ERDE BEI NACHT, DIE ERDE BEI TAGE.
ICH HALTE SIE FEST UND STRAHLE SIE AN,
DASS ALLES AUF IHR WACHSEN KANN.
STEIN UND BLUME, MENSCH UND TIER,
ALLES EMPFÄNGT SEIN LICHT VON MIR.
TU AUF DEIN HERZ WIE EIN BECHERLEIN,
DENN ICH WILL LEUCHTEN AUCH DORT HINEIN!
TU AUF DEIN HERZLEIN, LIEBES KIND,
DASS WIR EIN LICHT ZUSAMMEN SIND!

Christian Morgenstern

Der Sonne Licht,
Es hellt den Tag
Nach finstrer Nacht:
Der Seele Kraft,
Sie ist erwacht
Aus Schlafes Ruh':
Du meine Seele,
Sei dankbar dem Licht,
Es leuchtet in ihm
Des Gottes Macht;
Du meine Seele,
Sei tüchtig zur Tat.

Rudolf Steiner

Das Kreuzlein auf der Preiselbeere

Der Teufel hatte zugesehen, wie auf Gottes Schöpferwort, scheinbar so leicht, die reiche schöne Welt entstand. Da überkam ihn das Gelüste, auch etwas zu erschaffen. Auf seine Bitte hin erhielt er von Gott die Erlaubnis dazu.

In einem stillen Waldwinkel ging er ans Werk. Und er brachte auch wirklich etwas zuwege. Er ließ ein Kräutlein aufgehen, das mit vielen glänzenden Blättchen am Stängel und einem dichten roten Beerenträubchen am Ende selbst Gott dem Vater keine Unehre gemacht hätte. Es sah nicht im Geringsten nach Teufelswerk aus. War aber gleichwohl eins. Man hätte nur davon essen dürfen, dann hätte man's gewusst. Er hatte die lockenden roten Beerlein nämlich vergiftet.

Natürlich sah das Gott der Herr auf der Stelle. Wären die Beerlein übelfarbig und missgestaltig gewesen, hätte er sie wohl unverändert gelassen. Aber so schön wie sie waren, mussten sie die Menschen wie Tiere anreizen und dann Schaden stiften. „Ist der Teufel schlau", dachte er bei sich, „so kann ich doch noch schlauer sein." Er rief eine Schar von Englein zu sich und schickte sie nach dem Waldwinkel. Dort mussten sie auf jedes Beerlein ein Kreuzlein machen. Damit war das Gift überwunden und die Preiselbeeren – denn das waren sie – genießbar.

Der Teufel wartet bis heute vergebens, dass sich einer daran vergiften soll. Du findest aber auch keins ohne das Kreuz darauf.

Michael Bauer

Von der Tanne

Bei einem argen Unwetter ging der Heiland durch einen dichten Wald und suchte unter den Bäumen Schutz vor dem Regen. Viele Bäume aber bogen ihre Zweige zurück oder schüttelten sich, so dass die Tropfen auf den Herrn fielen und er ganz durchnässt wurde. Nur die Tanne breitete schützend und liebend die Arme aus, und er fand Sicherheit unter ihren Zweigen.

Dankend verließ er den Zufluchtsort und sprach über die Tanne den Segen aus, dass sie Sommer und Winter grün sein solle.

Vom Kopf zum Fuß,
Durch Herz und Hand
Bin ich Gottes Kind;
In Sonne und im Monde,
In Stern und Stein
Fühl ich Gottes Kraft;
In Vater und in Mutter,
In allen lieben Menschen
Lebt mir Gottes Wille.
So will auch ich
Als Gottes Kind
Durch Gottes Kraft
Nach Gottes Willen
Leben und sprechen
Und, was ich soll,
Gott getreu auch tun.

Rudolf Steiner

Wie die Christrose geworden ist

Es war am Weihnachtsabend. Das Christkindlein lag auf dem Stroh der Krippe und schlief. Die Mutter Maria trat vor die Tür des Stalles und blickte zum Sternenhimmel empor. Sie wollte ihrem Söhnlein einen Gruß aus der Heimat bringen, damit es sich freuen und in der Freude das Heimweh vergessen möchte. Nach Sternenblumen schaute ihr Auge aus, denn die würden ihr Kindlein am tröstlichsten an die Himmelheimat erinnern. In ihren blauen Mantel gehüllt, schritt die Mutter Maria durch den Wald. Aber ihr Fuß trat auf hart gefrorenen Boden, und nirgends entdeckte ihr suchender Blick auch nur das geringste Blümchen. Da wurde sie sehr, sehr traurig. In ihrem Kummer bemerkte sie nicht, wie Wolkenengel ihre schweren Schwingen vor die Sternenaugen des Himmels breiteten und wie ein Schneeflöckchen nach dem anderen zur Erde herunterflog und ihren blauen Mantel mit weißem Flaum verzierte. Auf einmal aber vernahm sie ein ganz feines Flüstern an ihrem Ohr. Ein Schneeflöckchen war ihr ins Haar gefallen, und leise raunte es ihr zu: „Wir sind betrübt, dass du uns nicht betrachtest und vergeblich auf der eisigen Erde nach Sternenblumen ausschaust. Wir sind doch auch aus der Sternenheimat deines Kindleins! Ich bitte dich, betrachte uns genau, ob du wohl zartere, lieblichere Sternlein, als wir es sind, finden könntest! Wir möchten gern dein Kindlein von seiner Heimat grüßen, aber du hast uns ja nicht lieb!“

„Doch, ich habe euch lieb, ihr kleinen Sternenboten“, sprach froh die Mutter Maria. Sie kniete nieder, hob mit ihrer Hand einen Brocken aus der eiskalten Erde und reichte ihn dem Himmel dar. Da setzten sich viele, viele lichte Schneesternchen auf den Erdenklumpen in ihrer Hand. Sorgsam trug die Mutter Maria den Sternengruß zum Stall zurück. Leise schloss sie die Stalltür hinter sich zu und schritt zur Krippe, mit dem Mantel ihre Gabe verhüllend. Das Jesuskindlein aber war eben aufgewacht und lächelte die Mutter an. Da öffnete sie den Mantel ein wenig und ließ ihr Kindlein hineinschauen, wo ihre Hand das Schneehäuflein auf dem Erdenbrocken barg. Aber wie das Kindlein mit dem Zauberglanze seiner Augen in die Mantelhülle hineinleuchtete, da geschah ein Wunder! Der Schnee begann sich zu gestalten! In der warmen Hand der Mutter war die Eiserde aufgetaut, zarte Wurzeln senkten sich in sie hinein. Und wo der goldene Strahl aus den Augen des Jesuskindes in den blauen Schatten des Mantels hineinglänzte, da formten sich in hellem Grün Stängel und Blätter, oben aber eine schnee-schneeweiße Blüte. Aber das Herrlichste war das: Wie das Kindlein die Schneesternrose mit frohem Lächeln anstaunte, da verdichtete sich das Leuchten seiner Augen im Kelch der Blüte zu goldenen Strahlen! Die Christrose war entstanden.

Seit jener Zeit lässt Gott sie jedes Jahr zur Weihnachtszeit blühen. Ihr findet sie, wie sie in Eis und Schnee sich entfaltet. Dann schaut einmal hinein in die Blütenknospe, und ihr werdet ehrfürchtig staunen, denn ihr erblickt, geheimnisvoll umschlossen von dem schneeweißen Kelche, die goldenen Strahlen, die einst aus des Jesuskindleins Augen hervorbrachen, als seine Mutter ihm den Gruß aus der himmlischen Heimat brachte.

Caroline von Heydebrand

Die erste Gabe

Nach einer altfranzösischen Legende

Es geschah in der Mitternachtsstunde der Heiligen Nacht im Stall zu Bethlehem. Soeben hatte die Jungfrau Maria das Kind zur Welt gebracht, hat es zum ersten Mal in die Windeln gewickelt und in die Krippe gelegt. Joseph hatte das Stroh hineingetan und rückte nun leise die Krippe an das Lager Marias. Zum Schutze des Kindes zieht sie ihren blauen Mantel halb über die Krippe. Ochs und Esel rühren sich kaum noch in ihrem Winkel. In ihren großen Augen schimmert das stille Licht.

Da öffnet sich plötzlich die Tür, als hätte ein Windhauch sie aufgedrückt. Eine Gestalt in grauem, wehendem Mantel steht auf der Schwelle; ganz erdengrau ist sie angetan, grau ist das Tuch, das ihr Haupt bedeckt, ihr Gesicht in Schatten hüllt, grau ist das Schultertuch, das bis zur Erde hängt. Maria erschrickt, die Hände presst sie auf das Herz. Langsam, tief gebeugt wie von einer lange getragenen Last kommt sie näher, eine uralte Frau. Sollte sie dem Kind, das sie unverwandt anschaut, Böses antun wollen? Doch Ochs und Esel bleiben ruhig, kauen friedlich ihr Heu und blicken zu der Fremden hin, als wäre sie ihnen lang vertraut. Das Kind schlummert, schlummert ungestört. Nur Maria hat ein Grauen angefasst, sie lässt die alte Frau nicht aus den Augen, sie verfolgt ihre schleppenden Schritte mit klopfendem Herzen.

Endlich steht die Uralte an der Krippe. Maria sieht in das Dunkel ihres zerfurchten Gesichts; für einen Augenblick nur kann sie ihr in die Augen schauen, die gleich wieder auf dem

Kinde ruhen. Dieses erwacht unter dem Blick der Alten und schlägt die Augen auf. Da neigt sich die alte Frau über die Krippe. Ihre Hand sucht etwas in den weiten Falten des Mantels, sucht nach etwas, das sie hervorholen will. Maria bangt noch immer, aber die Tiere blicken so gelassen herüber, als wüssten sie von Anfang an, was geschehen soll.

Nach langen, langen Augenblicken – Maria kämpft noch immer mit Gedanken der Furcht – bringt die Uralte die Hand hervor. Sie hält etwas darin verborgen, was sie nun dem Kind in die Hand legt. Seine Augen leuchten auf und es ist Maria, als seien es die gleichen Augen, die sie aus dem Antlitz der fremden Frau anblickten. Jetzt sieht Maria nur den gebeugten Rücken, der sich noch mehr krümmt, und das friedlich leuchtende Auge des Kindes. Was mochte für das Kind die erste Gabe sein? Maria kann es von ihrem Lager nicht erkennen, aber Ochs und Esel sehen, was es ist; es wundert sie nicht. Lange dauert das alles.

Endlich richtet sich die Gestalt auf, wie befreit von einem schweren Gewicht, das sie bisher zur Erde niederbeugte. Ihre Schultern tragen keine Last mehr, ihr erhobenes Haupt berührt fast das Gebälk, ihr Gesicht blickt in wunderbarer Weise jung – es sind ihre Augen wie die des Kindes von gleichem Glanz erfüllt. Sie löst sich von der Krippe, wendet sich wieder zur Tür – und verschwindet in der Nacht, aus der sie plötzlich auftauchte.

Nun schaut auch Maria die Gabe in der Hand des Kindes an. Es ist ein Apfel – es ist der Apfel aus dem Paradies, den Eva dem Adam gereichte – ja, Eva! Sie war es, die gekommen ist den Apfel vom Baum der Erkenntnis des Guten und Bösen zu bringen, durch den die Schuld in die Menschheit kam.

In der Hand des Kindes aber leuchtet der Apfel auf und verwandelt sich in Gold. Er leuchtet wie das Bild einer neuen Welt, die mit dem Kind geboren ist. Im Reich, das mit dem Kind kommen soll, herrscht Wandlung durch die Macht der Liebe über das Böse.

Das ist die Legende von der ersten Gabe.

Darum trugen die Kaiser den goldenen Reichsapfel in der Hand, wenn sie den Thron bestiegen, um in Gerechtigkeit und Frieden zu herrschen. Und auf vielen alten Bildern hält das Kind den Apfel in der Hand und spielen die Engel mit Äpfeln, die zu Gold werden.

Helmut von Kügelgen

SPRUCH VOR TISCH

ERDE, DIE UNS DIES GEBRACHT,
SONNE, DIE ES REIF GEMACHT, –
LIEBE SONNE, LIEBE ERDE,
EUER NIE VERGESSEN WERDE!

Christian Morgenstern

Das Leuchtkäferchen

Als der Engel den Hirten auf dem Felde verkündet hatte, dass das Christkind in der Krippe liege, kroch ein kleines Käferlein ins Krippenstroh. Und der Engel neigte sich zu dem Kinde; er sah das Käferlein in den Halmen und sprach zu ihm: „Was tust denn du hier? Geh zu den Tieren des Feldes und sag ihnen, ein Himmelskind sei auf die Erde gekommen." Sprach der Käfer: „Wer sollte mir glauben, ich bin ja hässlich und klein." Da tupfte ihm der Engel einen Glitzerfunken auf seinen Rücken: „Hier hast du ein Lichtlein, das soll die Wahrheit leuchten."

Voll Freude surrte das Leuchtkäferchen zum Stall hinaus, ging in die Büsche zu Has' und Reh, kroch zwischen Steine zu Schneck' und Igel, flog auf die Bäume zu den schlafenden Vögeln und rief immerzu: „Ein Himmelskind ist auf die Erde gekommen, ein Himmelskind ist auf die Erde gekommen!" So haben auch die Tiere vernommen von der Heiligen Nacht, und die Vögel sangen schon lange vor Tag.

Wer aber hat es den Fischen gesagt?

Zur heiligen Stunde sind Sternschnuppen in alle Wasser der Welt gefallen; so haben auch die Fische erfahren, dass eine besondere Nacht sei. Seither glänzt ihr Schuppenkleid viel schöner als vorher, und es heißt: „In der Heiligen Nacht können alle Tiere miteinander reden, für kurze Zeit um Mitternacht."

Jakob Streit

Der Haselstrauch

Der Sturmwind jagte am Himmel dunkle Wolken dahin. Regen und Blitz kamen näher, und Maria sah kein Haus, dessen Dach sie hätte beschirmen können. Es ließ sich auch kein Baum erblicken, nur ein hoher Haselbusch bog bei dem nahen Hügel die Blätterruten im Winde. Joseph führte den Esel eilends dahin. Maria hüllte den Mantel fester um ihr Kind und schlüpfte in den Haselbusch, der seine Zweige wie Arme öffnete.

Bald prasselte der Regen hernieder; Blitze fuhren in die Erde; der Busch gab guten Schutz. Seine Zweige bogen über die Mutter ein Blätterdach.

Seither gilt der Haselstrauch als ein sicherer Ort für Wanderer im Sturm, und selten wird der Blitz einen Menschen treffen, der unter seinen Zweigen Schutz sucht.

Jakob Streit

St. Petrus und die Geiß

Als Christus noch mit den Jüngern auf Erden wandelte,
erstaunte Petrus einst darüber,
dass es auf der Welt so wunderlich zugehe
und der Meister sich um nichts kümmere.
Jesus übergab ihm darauf die Herrschaft über die Welt
und zum Zeichen dessen seinen Stab.
Petrus fing an zu regieren.
Da kam ein armes Weib,
das seine Geiß auf die Weide trieb
und sie in Gottes Obhut befahl,
weil es selbst für seine Kinder zu sorgen hatte
und zurück ins Dorf musste.

Auf des Herrn Ermahnung nahm Petrus die Geiß in seine Hut
und sprang dem jungen, mutwilligen Tiere nach,
bergauf, bergab, durch Stauden und Hecken.
Da mag man denken, wie der alte Mann geschwitzt haben wird
und wie froh er war,
als er der armen Frau die Geiß am Abend wohlbehalten
wieder ins Haus geschafft hatte!

Als der Herr dann fragte,
ob er das Regiment noch länger behalten wolle,
sagte Petrus demütig:
„Nein, Herr, ich habe wohl erfahren,
dass meine Weisheit nicht ausreicht,
auch nur eine Geiß zu regieren."

Karl Simrock

An Himmelfahrt

An Himmelfahrt
im Vogelbau
der Eier zart
azurnes Blau.

An Pfingsten schon
zum Fluge flügg.
O Zwitscherton!
O Sommerglück!

Rotkehlchen schwingt
sich aus dem Nest.
Sein Seelchen singt
purpurnes Fest.

O Heilger Geist
in der Natur!
Christos, dich preist
die Kreatur!

Albert Steffen

Loblied

Kein Tierlein ist auf Erden
Dir lieber Gott, zu klein.
Du ließt sie alle werden,
Und alle sind sie dein.

Zu dir, zu dir,
Ruft Mensch und Tier.
Der Vogel dir singt,
Das Fischlein dir springt,
Die Biene dir summt,
Der Käfer dir brummt,
Auch pfeifet dir das Mäuslein klein,
Herr Gott, du sollst gelobet sein.

Das Vöglein in den Lüften
Singt Dir aus voller Brust.
Die Schlange in den Klüften
Zischt Dir in Lebenslust.

Die Fischlein, die da schwimmen,
Sind, Herr, vor dir nicht stumm.
Du hörest ihre Stimmen,
Vor dir kommt keines um.

Vor dir tanzt in der Sonne
Der kleine Mückenschwarm.
Zum Dank für Lebenswonne
Ist keins zu klein und arm.

Sonn', Mond gehen auf und unter
In deinem Gnadenreich,
Und alle deine Wunder
Sind sich an Größe gleich.

Kein Sperling fällt vom Dache
Ohn dich, vom Haupt kein Haar.
O teurer Vater wache
Bei uns in der Gefahr.

Zu dir, zu dir,
Ruft Mensch und Tier.
Der Vogel dir singt,
Das Fischlein dir springt
Die Biene dir summt,
Der Käfer dir brummt,
Auch pfeifet dir das Mäuslein klein,
Herr Gott, du sollst gelobet sein.

Clemens Brentano

Die Doppelfreude

Am Ufer eines spiegelklaren Teiches spazierte eine Entenmutter mit ihren Kindern.

„Ihr seid voll Staub“, sagte sie zu ihnen.

„Steigt ins Wasser und putzt euch!“

„Wir möchten gern“, antworteten die Entlein, „der Staub juckt uns ja ganz fürchterlich; aber es geht nicht.“

„Es geht nicht? Warum denn?“

„Drüben, schau nur, drüben steht ein Schwein und lacht uns aus, wenn wir uns waschen.“

„Um so besser! Da gibt es statt eines Vergnügens zwei. Macht euch die Freude, euch zu säubern, und gönnt dem Schwein die Freude, euch auszulachen.“

Marie von Ebner-Eschenbach

Der Hirsch
Der Hase
Der Esel

Ein Hirsch mit prächtigem Geweih
Von achtzehn Enden ging spazieren.
Ein Hase lief vorbei,
Sah ihn und stutzte. Starr auf allen vieren
Steht er und gafft ihn an,
Macht Männchen, geht heran
Und sagt: „Sieh mich doch an!
Ich bin ein kleiner Hirsch!
Denn spitz' ich meine Ohren,
So hab' ich solch Geweih wie du."
Ein Esel hörte zu
Und sagte: „Du hast recht,
Wir sind von einerlei Geschlecht,
Der Hirsch und ich und du."

Der Hirsch tat einen Seitenblick
Und ging in dicken Wald zurück.

Johann Ludwig Gleim

Wie die Kinder übers Böcklein schelmisch lachen und sich übers Zottelröcklein lustig machen

Du Schäckerer, du Meckerer,
Hast gar ein zottlich Kleid,
Nicht neu, nicht alt, nicht warm, nicht kalt,
Nicht eng und auch nicht weit.
Da spricht der Bock: Mein Zottelrock,
Der ist mir zehnmal lieber
Als ein Gewand von allerhand
Tuch, Sammet oder Biber.
Er reißt mir nicht und schleißt mir nicht
Und kommt nicht aus der Mode.
Ich trag ihn von Geburt an schon
Und trag ihn bis zum Tode.
Ob ihr auch lacht, er ist gemacht
Mir doch zu einem Putze.
Ich schäm mich nicht und gräm mich nicht
Und trag ihn euch zum Trutze!

Friedrich Güll

Der Ursprung der Rose

Den Rosenzweig benagt ein Lämmchen auf der Weide,
Es tut's nur sich zur Lust, es tut's nicht ihm zuleide.
Dafür hat Rosendorn dem Lämmchen abgezwackt
Ein Flöckchen nur, es ward davon nicht nackt.
Das Flöckchen hielt der Dorn in scharfen Fingern fest,
Da kam die Nachtigall und wollte baun ihr Nest.
Sie sprach: „Tu auf die Hand und gib das Flöckchen mir,
Und ist mein Nest gebaut, sing ich zum Danke dir."
Er gab, sie nahm und baut', und als sie nun gesungen,
Da ist am Rosendorn vor Lust die Ros' entsprungen.

Friedrich Rückert

Die Eiche

Der rasende Nordwind
hatte seine Stärke
in einer stürmischen Nacht
an einer erhabenen Eiche bewiesen.

Nun lag sie gestreckt.
Eine Menge niedriger Sträucher
lagen unter ihr zerschmettert.

Ein Fuchs,
der seine Grube
nicht weit davon hatte,
sah sie des Morgens darauf.

„Was für ein Baum!"
rief er.
„Hätte ich doch nimmermehr gedacht,
dass er so groß gewesen wäre!"

Gotthold Ephraim Lessing

Löwe, Wolf und Hyäne

Es begaben sich einmal ein Löwe, ein Wolf und eine Hyäne auf Wanderung. Sie trafen auf eine Antilope. Diese wurde von einem der Tiere gerissen. Nun sollte der Fraß unter den drei Tieren geteilt werden. Der Löwe sprach zur Hyäne: Teile du! Die Hyäne, ängstlich und meist mehr mit dem Toten beschäftigt, antwortete: Wir teilen die Antilope in drei gleiche Teile. Einen Teil bekommst du, der Löwe, einen Teil der Wolf und einen Teil bekomme ich, die Hyäne.

Als der Löwe diesen Vorschlag gehört hatte, zerriss er die Hyäne und sie war nicht mehr da. Darauf sagte der Löwe zum erschrockenen Wolf: Sieh einmal, mein lieber Wolf, jetzt müssen wir ja anders teilen. Teile du jetzt! Wie würdest du teilen? Da sagte der Wolf: ja, wir müssen anders teilen, es kann nicht mehr jeder dasselbe bekommen wie früher. Weil du uns von der Hyäne befreit hast, bekommst du das erste Drittel. Das zweite Drittel hättest du ja sowieso bekommen und das dritte Drittel musst du bekommen, weil du das weiseste und tapferste aller Tiere bist!

So teilte der Wolf nun. Da fragte der Löwe: Wer hat dich so teilen gelehrt? Da sagte der Wolf: Die Hyäne hat mich so teilen gelehrt! Und der Löwe fraß den Wolf nicht auf und nahm die drei Teile.

Afrikanische Legende

Willst du, dass wir mit hinein
In das Haus dich bauen,
Lass es dir gefallen, Stein,
Dass wir dich behauen.

Friedrich Rückert

Wer ist Lehrling?
Jedermann!

Wer ist Geselle?
Der was kann!

Wer ist Meister?
Der's ersann!

Johann Wolfgang Goethe

Die Flöhe und die Wanzen
Gehören auch zum Ganzen.

Johann Wolfgang Goethe

Die Stiere

Drei Ackerstiere ging der Löw' einst an.
Sie standen all für einen Mann;
Da ward nichts draus.
Er ging nach Haus,
Bis er sie, jeden einzeln, fand
Und überwand.

Johann Gottfried Herder

Wind und Sonne

Wind und Sonne machten Wette,
Wer die besten Kräfte hätte,
Einen armen Wandersmann
Seiner Kleider zu berauben.
Wind begann, jedoch sein Schnauben
Half ihm nichts, der Wandersmann
Zog den Mantel dichter an.
Wind verzweifelt nun und ruht.
Und ein lieber Sonnenschein
Füllt mit holder, sanfter Glut
Wanderers Gebein.
Hüllt er sich nun tiefer ein?
Nein!
Ab wirft er nun sein Gewand,
Und die Sonne überwand.

Johann Gottfried Herder

Die Sonne und der Wind

Einst stritten sich die Sonne und der Wind, wer von ihnen beiden der Stärkere sei, und man wurde sich einig, derjenige sollte dafür gelten, der einen Wanderer, den sie eben vor sich sahen, am Ersten nötigen würde, seinen Mantel abzulegen.

Sogleich begann der Wind zu stürmen; Regen und Hagelschauer unterstützten ihn. Der arme Wanderer jammerte und zagte; aber immer fester wickelte er sich in seinen Mantel ein und setzte seinen Weg fort, so gut er konnte.

Jetzt kam die Reihe an die Sonne. Mit milder und sanfter Glut ließ sie ihre Strahlen herabfallen. Himmel und Erde wurden heiter; die Lüfte erwärmten sich. Der Wanderer vermochte den Mantel nicht länger auf seinen Schultern zu erdulden. Er warf ihn ab und erquickte sich im Schatten eines Baumes, während die Sonne sich ihres Sieges erfreute.

Johann Gottfried Herder

Abendgebet

Abends, wenn ich schlafen geh,
Vierzehn Engel bei mir stehn.
Zwei zu meiner Rechten
Zwei zu meiner Linken,
Zwei zu meinen Häupten,
Zwei zu meinen Füßen,
Zwei, die mich decken,
Zwei, die mich wecken,
Zwei, die mich weisen
Zu dem himmlischen Paradeise.

Sternen-Ballade

Und die Sonne machte den weiten Ritt
Um die Welt.
Und die Sternlein sprachen: Wir reisen mit
Um die Welt,
Und die Sonne, sie schalt sie: Ihr bleibt zu Haus,
Denn ich brenn euch die goldnen Äuglein aus
Bei dem feurigen Ritt um die Welt.

Und die Sternlein gingen zum lieben Mond
In der Nacht.
Und sie sprachen: Du, der auf Wolken thront
In der Nacht,
Lass uns wandeln mit dir, denn dein milder Schein,
Er verbrennet uns nimmer die Äugelein,
Und er nahm sie, Gesellen der Nacht.

Nun willkommen, Sternlein und lieber Mond,
In der Nacht!
Ihr versteht, was still in dem Herzen wohnt
In der Nacht.
Kommt und zündet die himmlischen Lichter an,
Dass ich lustig mitschwärmen und spielen kann
Bei den freundlichen Spielen der Nacht.

Ernst Moritz Arndt

Vom kleinen und vom großen Veilchen

Da war einmal in einem Walde, wo die Sonne durch die Bäume drang, ein Veilchen, ein bescheidenes Veilchen unter einem Baume, der große Blätter hatte. Und das Veilchen konnte durch eine Öffnung, die durch die Baumkrone entstanden ist, hindurchschauen. Und das Veilchen sah, indem es hindurchschaute durch die weite Öffnung in dem Walde, den blauen Himmel. Das kleine Veilchen sah zum ersten Mal den blauen Himmel, denn es war an dem Morgen dieses Tages eben erst aufgeblüht. Nun erschrak das Veilchen, als es den blauen Himmel sah, und geriet in große Angst. Aber es wusste noch nicht, warum es in so große Angst geraten war.

Da lief ein Hund vorbei, ein Hund, der nicht gut aussah, der etwas bissig und böse aussah. Und das Veilchen fragte den Hund: „Sag mir einmal, was ist denn das da oben, das Blaue, das so ist wie ich?“ Denn es war der Himmel auch blau, wie das Veilchen blau war.

Und der Hund in seiner Bosheit sagte: „Oh, das ist ein riesengroßes Veilchen, wie du, und dieses riesengroße Veilchen ist so groß geworden, dass es dich mächtig schlagen kann.“

Und das Veilchen bekam eine noch viel größere Angst, denn es glaubte, dieses Veilchen da oben wäre so groß gewachsen, weil es da sein sollte, um das kleine Veilchen zu schlagen. Und das Veilchen zog seine Blütenblätter ganz zusammen und wollte nicht mehr hinaufschauen zu dem großen Veilchen und verbarg sich unter einem großen Blatt des Baumes, das gerade durch einen Windstoß heruntergefegt wurde. Und so blieb es den ganzen Tag, indem es sich in seiner Angst versteckt hatte vor dem großen Himmelsveilchen.

Und als der nächste Morgen kam, da hatte das Veilchen die ganze Nacht noch nicht geschlafen, denn es hatte immer nur nachgedacht, wie es sich verhielte mit dem großen blauen Himmelsveilchen, von dem es geschlagen werden sollte. Und immer erwartete es, dass jetzt und jetzt der erste Schlag kommen sollte, und er war nicht gekommen.

Und am Morgen, da kroch das Veilchen hervor, weil es jetzt gar nicht müde war, denn es hatte die Nacht hindurch immer nachgedacht und war frisch und nicht müde. – Veilchen werden müde, wenn sie schlafen, und werden nicht müde, wenn sie nicht schlafen. – Und das erste, was das Veilchen sah, war die aufgehende Sonne und das Morgenrot. Und als das Veilchen das Morgenrot sah, da wurde es gar nicht ängstlich. Und es war innerlich erfreut und froh über das Morgenrot.

Nach und nach kam wiederum, als das Morgenrot sich verlor, der weißlich-blaue Himmel hervor. Er wurde immer blauer und blauer. Und das Veilchen musste wieder denken, was der Hund gesagt hatte, dass das ein großes Veilchen wäre, was es selber schlagen würde.

Und siehe da, da kam ein Lamm vorbei. Und jetzt wollte das Veilchen wiederum fragen, was das oben wäre. „Was ist denn das da oben?“ sagte das Veilchen. Da sagte das Lamm: „Das ist ein großes Veilchen, blau wie du selber.“ Jetzt wurde das Veilchen schon wiederum ängstlich und meinte, es würde von dem Lamm nur wieder dieselbe Auskunft bekommen wie von dem bösen Hund. Aber das Lamm war gut und fromm. Und weil es so gute und fromme Augen machte, da fragte das Veilchen noch einmal: „Ach, mein liebes Lamm, wird mich denn das große Veilchen dort oben schlagen?“

„O nein“, antwortete das Lamm, „das wird dich nicht schlagen, das ist ein großes Veilchen und seine Liebe ist so vielmal größer als deine eigene Liebe, als es mehr blau ist, als du mit deiner kleinen Gestalt blau bist.“

Und da verstand das Veilchen gleich, dass das ein großes Veilchen ist, das gar nicht schlagen wird, sondern so viel Blau hat, um so viel mehr Liebe zu haben, und dass das große Veilchen das kleine Veilchen schützen wird vor allem, was feindlich ist in der Welt. Und da fühlte sich das kleine Veilchen so wohl, weil alles, was es sah als Blau in dem großen Himmelsveilchen, ihm vorkam wie die göttliche Liebe, die ihm von allen Seiten zuströmte. Und es schaute das kleine Veilchen immer auf, wie wenn es beten wollte zu dem Gott der Veilchen.

Rudolf Steiner

Wenn Du aus Dir verjagst all Unruh und Getümmel,
So wirft Sankt Michael den Drachen aus dem Himmel.

Angelus Silesius

Heilige Bläue

O du heil'ge Bläue,
Immer freut aufs Neue
Mich der stille Glanz.
Abgrund ohne Ende!
Himmlisches Gelände,
Seele, tauche unter ganz!

Conrad Ferdinand Meyer

Gleich und Gleich

Ein Blumenglöckchen
Vom Boden hervor
War früh gesprosset
In lieblichem Flor;
Da kam ein Bienchen
Und naschte fein.
Die müssen wohl beide
Für einander sein.

Johann Wolfgang Goethe

Spruch

Erst wenn ich Lichtes denke,
leuchtet meine Seele;
erst wenn meine Seele leuchtet,
ist die Erde ein Stern;
erst wenn die Erde ein Stern ist,
bin ich wahrhaft Mensch.

Herbert Hahn

Die Liebe hemmet nichts

Die Liebe hemmet nichts;
Sie kennt nicht Tür noch Riegel,
Und dringt durch alles sich;
Sie ist ohn' Anbeginn,
Schlug ewig ihre Flügel
Und schlägt sie ewiglich.

Matthias Claudius

Der Türkis

Ich halte diesen Türkis
in meinen Händen.
Meine Hände halten den Himmel
in diesem kleinen Stein.
An seinem Rand
sitzt eine Wolke.
Die Welt ist irgendwo darunter.

Ich drehe den Stein, und der Himmel wird größer.
Das ist die heitere Ruhe, die Steinen zu eigen sein kann,
hier fühle ich, wohin ich gehöre.
Ich bin glücklich mit diesem Himmel
in meinen Händen, in meinen Augen, in mir.

Simon J. Ortiz, Acoma-Pueblo-Indianer

Gefunden

Ich ging im Walde
So für mich hin,
Und nichts zu suchen,
Das war mein Sinn.

Im Schatten sah ich
Ein Blümchen stehn,
Wie Sterne leuchtend,
Wie Äuglein schön.

Ich wollt' es brechen,
Da sagt es fein:
Soll ich zum Welken
Gebrochen sein?

Ich grub's mit allen
Den Würzlein aus:
Zum Garten trug ich's
Am hübschen Haus.

Und pflanzt' es wieder
Am stillen Ort
Nun zweigt es immer
Und blüht so fort.

Johann Wolfgang Goethe

Der Jasminenstrauch

Grün ist der Jasminenstrauch
Abends eingeschlafen;
Als ihn mit dem Morgenhauch
Sonnenstrahlen trafen,

Ist er schneeweiß aufgewacht.
„Wie geschah mir in der Nacht?"
Seht, so geht es Bäumen,
Die im Frühling träumen!

Friedrich Rückert

Frühlingslied

Die Luft ist blau, das Tal ist grün,
die kleinen Maienglocken blühn
und Schlüsselblumen drunter.
Der Wiesengrund ist schon so bunt
und malt sich täglich bunter.

Drum komme, wem der Mai gefällt,
und freue sich der schönen Welt
und Gottes Vatergüte,
die solche Pracht hervorgebracht,
den Baum und seine Blüte.

Ludwig Christoph Heinrich Hölty

Der Frühling kommt bald

Herr Winter
geh hinter,
der Frühling kommt bald!
Das Eis ist geschwommen,
die Blümlein sind kommen
und grün wird der Wald.

Herr Winter
geh hinter,
dein Reich ist vorbei.
Die Vögelein alle,
mit jubelndem Schalle,
verkünden den Mai.

Christian Morgenstern

Die Weidenkätzchen

Kätzchen ihr der Weide,
wie aus grauer Seide,
wie aus grauem Samt!
O ihr Silberkätzchen,
sagt mir doch, ihr Schätzchen,
sagt, woher ihr stammt.

Wollen's gern dir sagen:
Wir sind ausgeschlagen,
aus dem Weidenbaum,
haben winterüber
drin geschlafen, Lieber,
in tieftiefem Traum.

In dem dürren Baume
in tieftiefem Traume
habt geschlafen ihr?
In dem Holz, dem harten,
war, ihr weichen, zarten,
euer Nachtquartier?

Musst dich recht besinnen:
Was da träumte drinnen,
waren wir noch nicht,
wie wir jetzt im Kleide
blühn von Samt und Seide
hell im Sonnenlicht.

Nur als wie Gedanken
lagen wir im schlanken
grauen Baumgeäst;
unsichtbare Geister,
die der Weltbaumeister
dort verweilen lässt.

Kätzchen ihr der Weide,
wie aus grauer Seide,
wie aus grauem Samt!
O ihr Silberkätzchen,
ja, nun weiß, ihr Schätzchen,
ich, woher ihr stammt.

Christian Morgenstern

Aus dem Wessobrunner Gebet

Das erfragte ich unter den Menschen als der Wunder größtes,
daß einst Erde nicht war, noch Überhimmel,
daß Baum und Berg nicht war,
daß die Sonne nicht schien, der Mond nicht leuchtete,
noch die herrliche See.
Als da gar nichts war, aller Enden und Wenden,
da war doch der eine allmächtige Gott,
der Wesen Gewaltigster.
Da waren auch mit ihm göttliche Geister.

Tischgebet

Es keimen die Pflanzen in der Erde Nacht,
Es sprossen die Kräuter durch der Luft Gewalt,
Es reifen die Früchte durch der Sonne Macht.
So keimet die Seele in des Herzens Schrein,
So sprosset des Geistes Macht im Licht der Welt,
So reifet des Menschen Kraft in Gottes Schein.

Rudolf Steiner

Beim Läuten der Glocken

Das Schöne bewundern,
Das Wahre behüten,
Das Edle verehren,
Das Gute beschließen:
Es führet den Menschen
Im Leben zu Zielen,
Im Handeln zum Rechten,
Im Fühlen zum Frieden,
Im Denken zum Lichte,
Und lehrt ihn vertrauen
Auf göttliches Walten
In Allem, was ist:
Im Welten-All,
Im Seelengrund.

Rudolf Steiner

Von Sankt Christoff

Der heilige Christofferus war ein Heide und war zwölf Ellen lang und hatte einen starken Leib und große Glieder und ein großes Antlitz. Und war gar fröhlich gestaltet, und ehe er getauft war, hieß er Offerus. Und da er wuchs zu voller Kraft, da gedachte er bei sich: Ich will wandern und fragen nach dem größten Herrn. Da wies man ihn zu einem großen Herrn, der war gewaltig über viel Land und Leute. Zu dem kam er und gelobte ihm zu dienen treulich. Da empfing ihn der König schön und war seiner Stärke froh. Und da er etliche Zeit bei ihm war, da sang ein Spielmann vor dem König und nannte dabei den Teufel. Da segnete sich der König und machte ein Kreuz vor sich, denn er war ein Christ. Da wusste Offerus nicht um das Zeichen und wunderte sich sehr und fragte ihn, was er damit meine. Da antwortete der König: „So will ich dir die Wahrheit sagen: Wenn man den Teufel nennt vor mir, so segne ich mich mit dem Zeichen, dann flieht er. Das tu ich darum, dass er keine Gewalt über mich gewinne.“ Da sprach Offerus: „Fürchtest du dich vor ihm und ist seine Kraft so groß, dass sie dir schaden mag? So will ich ihn suchen, bis ich ihn finde. Und will dem dienen, der gewaltig über dich ist.“

Danach ging Offerus und suchte den Feind überall, und eines Tages ging er in einer großen Wildnis und sah eine große Ritterschaft reiten. Und unter denen sah er einen schwarzen, gräulichen Ritter, der ritt mit großer Gewalt und sprach zu Offerus: „Wen suchest du?“ Da sprach er: „Ich suche den Teufel, denn ich wär gern sein Knecht.“ Da sprach der Feind: „Das bin ich.“ Da gelobte ihm Offerus seinen Dienst. Da führte der Feind seinen Knecht mit sich.

Nun kamen sie einstmals auf eine Straße, da stand ein Kreuz bei einem breiten Weg. Da sah der Feind das Kreuz und bog halb nach der Seite ab und wagte den Weg nicht zu reiten. Das sah Offerus wohl und wunderte sich sehr darüber und sprach zu dem Feind: „Sag mir, warum du den krummen Weg reitest.“ Das hätte der Feind ihm gern verschwiegen. Da sprach Offerus: „Du sollst mir die Wahrheit sagen.“ Da sprach der Feind: „Da stand des Kreuzes Zeichen an dem Weg, daran Christus gehangen ward. Das Zeichen fürcht ich sehr und muss es allezeit fliehen.“ Da sprach Offerus: „Da du sein Zeichen fliehen musst, so ist er auch größer denn du. So will ich Urlaub nehmen und will Christus suchen, weil du nicht aller Dinge gewaltig bist.“ Und ging von dem Feinde fort und wollte ihm nicht mehr dienen.

Danach fragte er überall, wo der Herr Jesus Christus wäre. Und kam durch den Willen Gottes zu einem guten Einsiedel, der hörte, dass er Christus dienen wollte. Da sagte er ihm, was für ein großer, mächtiger König er wäre und ein Herr über alle Dinge und wie großen Lohn er seinen Freunden gäbe. Und lehrte ihn Christenglauben mit so viel weiser Lehre, dass er ihn dazu brachte, zu sagen, er wolle Christus fortan dienen mit großem Fleiß. Da sprach der Einsiedel: „So sollst du gerne fasten und wachen durch seinen Willen. Dein Gott begehrt dazu, dass du viel betest.“ Da sprach Offerus: „Ich mag weder wachen, fasten noch beten. Weise mich an ein anderes, dass ich ihm diene.“ Da sprach der Einsiedel: „Da fließt ein Wasser, darüber ist weder Brücke noch Steg. Willst du die Menschen darüber tragen durch Gottes

Willen, so gefällst du deinem Herrn mit dem Dienste wohl. Denn du bist lang und stark und magst es wohl tun.“ Da sagte Offerus: „Das will ich alles gern tun durch Gott.“ Und baute sich selbst ein Gemach bei dem Wasser. Und hatte einen großen Stab in der Hand und tat seine Arbeit Tag und Nacht.

Eines Nachts war Offerus müde und legte sich nieder und schlief. Da rief ihn ein Kind; da stand er bald auf und suchte das Kind überall bei dem Wasser. Und da er niemand fand, legte er sich wieder nieder und schlief. Da schrie abermals ein Kind: „Offerus!“ Da lief er wieder heraus und fand niemand. Da legte er sich wieder nieder, da rief es zum dritten Mal. Da ging er heraus und fand das Kind und nahm es auf seine Arme und nahm seinen Stab in die Hand und ging in das Wasser. Und das Wasser wuchs sehr über sich, und ward das kleine Kind so schwer, als ob es Blei wäre. Und ward je länger je schwerer, und ward das Wasser so groß, dass er fürchtete, er werde ertrinken. Und da er mitten in das Wasser kam, da sprach er: „Eia, Kind wie gar schwer bist du, mir ist, als ob ich alle diese Welt auf mir trüge.“ Da sprach das Kind: „Du trägst nicht allein die Welt. Du trägst auch den, der Himmel und Erde erschaffen hat.“ Und das Kind drückte Offerus unter das Wasser und sprach zu ihm: „Ich bin Jesus Christus, dein König und dein Gott, durch den du arbeitest.“ Und sprach zu ihm: „Ich taufe dich in meinem Vater und in seinem Sohn in mir und in dem Heiligen Geist. Vorher hießest du Offerus, nun sollst du Christofferus heißen nach mir. Und du sollst deinen Stab in die Erde pflanzen, daran wirst du meine Gewalt erkennen. Denn der Stab wird morgen blühen und Früchte bringen.“ Damit verschwand es.

Da ward Christofferus froh und dankte unserm Herrn für seine Gnade, die er ihm getan hatte. Und pflanzte den dürren Stab in die Erde. Da ward er in einer Nacht zu einem Baum und blühte und brachte Früchte. Da Christofferus das große Wunder sah, da gewann er große Treue und Liebe zu Gott und dankte ihm für die Gnade, die er ihm angetan hatte.

Das Eselsfüllen bei der Predigt

Eines Tages predigte der heilige Franz in Monte Leone. Es war eine große Volksmenge zusammengeströmt, die mit größter Aufmerksamkeit dem Worte Gottes lauschte. Da begann ein munteres Eselsfüllen zu stören. Es sprang lustig herum und schrie, wie nur ein Esel schreien kann, in die Predigt hinein, so dass man den heiligen Franz kaum mehr verstehen konnte. Schon wurden die Zuhörer unruhig und ungeduldig. Nun wandte sich der Heilige also an das unvernünftige Tier: „Mein lieber Bruder Esel, ich bitte dich, verhalte dich doch still und störe mich nicht bei der Verkündigung des Wortes Gottes!" Als hätte der junge Esel die Ermahnung genau verstanden, gehorchte er zur Verwunderung der Anwesenden, kam näher herzu, kniete nieder und hörte unbeweglich zu, bis der heilige Franz mit seiner Predigt fertig war.

Christophorus

Von einem Wunderzeichen, das Sankt Elisabeth geschehen

Als Landgraf Ludwig zu einer Zeit war in der Stadt Eisenach gewesen und wollte wieder herauf zur Wartburg gehen, sah er unterwegs seine Frau Sankt Elisabeth mit einer ihrer liebsten Jungfrauen stehen, die waren beide unter ihren Mänteln schwer beladen mit Krügen und Körben, darin sie Fleisch, Eier und Fladen den Armen in die Stadt bringen wollten. Der Landgraf trat zu ihnen und sprach: „Lasset sehen, was ihr da traget!“ Da er aber wollte die Mäntel aufdecken, waren nicht Speisen in den Körben, sondern eitel Rosen. Und Sankt Elisabeth erschrak darob also, dass sie kein Wort sprechen konnte. Als nun der fromme Fürst Sankt Elisabeths Erschrecken sah, war ihm das gar leid und wollte ihr gütlich zusprechen. Indes er aber zu ihr redete, erschien vor seinen Augen das Bild des gekreuzigten Christus über ihrem Haupte. Da verwunderte er sich dieses Zeichens und merkte wohl, dass Gott sein Werk mit ihr hatte; wollte auch Sankt Elisabeth nicht länger aufhalten, sondern hieß sie ohne Furcht ihres Weges gehen und der Siechen und Armen warten.

Der Herr ist mein Hirte

Der Herr ist mein Hirte,
mir wird nichts mangeln.
Er weidet mich auf einer grünen Aue
und führet mich zum frischen Wasser.
Er erquicket meine Seele.
Er führet mich auf rechter Straße
um seines Namens willen.
Und ob ich schon wanderte im finstern Tal,
fürchte ich kein Unglück;
denn du bist bei mir,
dein Stecken und Stab trösten mich.
Du bereitest vor mir einen Tisch
im Angesicht meiner Feinde.
Du salbest mein Haupt mit Öl
und schenkest mir voll ein.
Gutes und Barmherzigkeit werden
mir folgen mein Leben lang,
und ich werde bleiben im Hause
des Herrn immerdar.

Der 23. Psalm

Der heilige Franz und der Wolf von Gubbio

Als der heilige Franz in der Stadt Gubbio weilte, hauste in der Umgebung dieser Stadt ein außergewöhnlich großer, furchtbarer und grimmiger Wolf. Er fraß nicht nur Tiere, sondern fiel auch Menschen an. Die Menschen lebten darum in steter Furcht, da der Wolf sich oft in unmittelbarer Nähe der Stadtmauer zeigte. Wer aus der Stadt hinausgehen musste, trug Waffen, als zöge er in den Krieg. Aus Furcht vor diesem Untier wagte sich schließlich niemand mehr vor die Stadt hinaus.

Der heilige Franz hatte mit den Bewohnern der Stadt großes Mitleid. Er gedachte deshalb den Wolf aufzusuchen, obwohl ihm die Bürger das sehr widerrieten. Trotzdem verließ er mit seinen Gefährten die schützenden Stadtmauern, machte das Kreuzzeichen und setzte all sein Vertrauen auf Gott. Seine Begleiter zögerten, weiter mit ihm zu gehen, er aber drang bis zu der Stelle vor, wo sich das Untier für gewöhnlich aufhielt. In größerer Entfernung waren viele Bürger der Stadt dem heiligen Franz gefolgt, um das Wunder zu schauen. Da sahen sie denn, wie der Wolf mit offenem Rachen auf den Heiligen zurannte. Dieser ging der Bestie auch seinerseits entgegen, machte das Kreuzeszeichen über sie, rief sie zu sich her und sprach: „Komm doch zu mir, Bruder Wolf! Im Namen Christi verbiete ich dir, mir oder sonst jemandem zu schaden.“ Und o Wunder! Wie der heilige Franz das Kreuzzeichen machte, schloss der Wolf seinen entsetzlichen Rachen, stand still, und als ihn der Heilige zu sich befahl, nahte er sich ihm zahm wie ein Lamm und legte sich zu seinen Füßen nieder.

Und weiter sprach der heilige Franz zu ihm: „Bruder Wolf! Du hast in dieser Gegend viel Unheil angerichtet und viel Übles getan, da du die Geschöpfe Gottes ohne dessen Erlaubnis getötet hast. Und nicht bloß Tiere hast du verschlungen, sondern dich auch an die Menschen gewagt, die doch Gottes Ebenbild sind. Da hast du nun als Räuber und schlimmer Menschenmörder wohl den Galgen verdient, und alles Volk schreit wider dich, weitum sind alle deine Feinde. Aber, Bruder Wolf, ich möchte doch zwischen dir und den Menschen Frieden stiften. Freilich darfst du dann niemandem mehr Übles tun, sie aber sollen dir alles vergeben und weder Mensch noch Hund dich weiterhin verfolgen."

Zu all dem gab der Wolf durch die Bewegungen seines Körpers, durch Schweifwedeln, Augenzwinkern und Kopfneigen seine Zustimmung und versprach so, alles zu halten, wie es der heilige Franz gesagt. Der fuhr nun fort: „Bruder Wolf, weil du also darauf eingehst und Frieden halten willst, so gebe ich dir die Zusage, dafür zu sorgen, dass dir die Leute von Gubbio, solange du lebst, so viel Futter reichen werden, dass du keinen Hunger mehr zu leiden brauchst; denn ich weiß ja, dass dich nur der Hunger zu all den Übeltaten getrieben hat. Nachdem ich dir aber diese Gunst erwirken will, so musst du mir, Bruder Wolf, versprechen, von jetzt ab nie mehr irgendeinem Tiere oder gar Menschen zu schaden. Versprichst du mir das?" Durch Neigen seines Kopfes gab der Wolf klar ersichtlich seine Zustimmung. Da verlangte der heilige Franz: „Bruder Wolf, du musst diese Zusage nun auch durch Handschlag bekräftigen, damit ich mich ganz darauf verlassen kann." Dabei hob der heilige Franz seine Hand hin, der

Wolf aber streckte ihm seinen rechten Lauf entgegen und legte ihn völlig zahm in die Hand des Heiligen und versicherte ihm so, wie er eben konnte, seine Treue. Zum Schluss sprach der heilige Franz noch zu ihm: „Bruder Wolf, ich gebiete dir nun im Namen Jesu Christi, ohne Zögern mit mir zu kommen, damit wir im Namen Gottes diesen Frieden in aller Form schließen."

Der Wolf ging wie ein zahmes Lamm mit dem Heiligen. Als dies die Bürger von Gubbio sahen, wunderten sie sich sehr. Die Kunde hiervon verbreitete sich durch die ganze Stadt, und alles, Männer und Frauen, groß und klein, jung und alt, eilte auf den Marktplatz, um den heiligen Franz und den Wolf zu sehen. Als sich die ganze Stadt versammelt hatte, begab sich der heilige Franz auf einen erhöhten Platz und wandte sich also an das Volk: „Hört, meine Brüder! Bruder Wolf, der hier vor euch steht, hat mir fest zugesagt, mit euch Frieden zu schließen und euch in keiner Weise mehr zu schädigen. Dafür sollt ihr euch verpflichten, ihm jeden Tag das nötige Futter zu geben. Ich bürge für ihn, dass er den Friedensvertrag in aller Treue halten wird." Da versprach das ganze Volk einmütig, die Ernährung des Wolfes für immer zu übernehmen. Jetzt fragte der heilige Franz vor der anwesenden Menge den Wolf: „Bruder Wolf, versprichst du nun, mit diesen Leuten Frieden zu halten, so dass du weder Mensch noch Tier noch sonst ein Geschöpf anfallen wirst?" Da kniete der Wolf nieder, neigte sein Haupt und gab durch Schweifwedeln und durch Bewegungen mit seinen Ohren zu erkennen, dass er sich an den Vertrag halten wolle. Nun verlangte der heilige Franz von ihm, dass er jetzt genau so wie zuvor außerhalb der Stadt durch Handschlag sein Versprechen bekräftige. Und wieder erhob der Wolf seinen rechten Lauf und legte ihn in die Hand des heiligen Franz.

Über all das entstand im ganzen Volke so große Freude und so großes Staunen, dass alle Gott lobend und preisend zum Himmel riefen, weil ihnen der heilige Franz gesandt worden war, der sie durch seine Verdienste aus dem grausamen Wolfsrachen errettete.

Dieser Wolf lebte noch zwei Jahre in Gubbio. Er ging ganz zahm bei den Häusern aus und ein, tat niemandem etwas zuleide. Auch er wurde vom Volke freundlich behandelt und ernährt. Wenn er durch die Straßen der Stadt lief und in Häuser hineinging, bellte ihn nie ein Hund an. Nach zwei Jahren ging schließlich Bruder Wolf an Altersschwäche ein. Die Bürger der Stadt waren darüber sehr betrübt, denn wenn sie den Wolf so zahm durch die Stadt gehen sahen, konnten sie sich immer so recht lebendig an die Tugend und Heiligkeit des heiligen Franz erinnern.

Spruch vom Brote

Das Brot vom Korn,
Das Korn vom Licht,
Das Licht aus Gottes
Angesicht.

Die Frucht der Erde
Aus Gottes Schein
Lass Licht auch werden
Im Herzen mein.

Martin Tittmann

Weiden bei Nacht

Die Lerchen beim Tode des heiligen Franz

Die Lerchen sind Freundinnen des Lichtes, die das Dunkel nicht lieben. Und doch flogen sie in großer Anzahl spät am Abend auf das Dach des Klosters, in dem der heilige Franz starb. Trotz der späten Stunde stiegen sie mit einem herrlichen, unbeschreiblichen Jubelsang zum Himmel empor. Sie stimmten dem heiligen Manne noch ein dankbares Abschiedslied an, weil er sie immer zum Lobe Gottes einzuladen pflegte. Er liebte auch von allen Vögeln die Lerchen am zärtlichsten. Sie schienen ihm in vielem das beste Vorbild für seine Brüder. Dann hatte er oft seine Brüder aufgefordert, die Lerchen zu betrachten, die, wenn sie nur ein Körnlein finden, singend sich gen Himmel erheben, um ihrem Schöpfer zu danken. Darum liebte er sie so sehr und empfahl sie seinen Brüdern zur Nachahmung.

Der Sonnengesang des heiligen Franziskus

Herr Gott, ich preise Deine Stärke,
ich danke für die Schönheit Deiner Werke:
Vor allem für die Sonne, meine Schwester;
denn sie schenkt Leben uns und Tag und Licht.
Strahlt Sonnenliebe mir im Herzen, fühl ich fester:
sie ist der Glanz von Deinem Angesicht.

Herr Gott, ich preise Deine Stärke,
ich danke für die Schönheit Deiner Werke:
für Bruder Mond und alle Sterne;
sie funkeln auch in Dunkelheit und Nacht
und haben stets des Himmels Ferne
und Frieden in mein Herz gebracht.

Herr Gott, ich preise Deine Stärke,
ich danke für die Schönheit Deiner Werke:
auch für die holde Schwester Luft;
sie trägt die Wolken und das Wetter,
ist streng im Sturm, weht sanft den Blütenduft
und dreht im Wirbel welke Blätter.

Herr Gott, ich preise Deine Stärke,
ich danke für die Schönheit Deiner Werke:
für Bruder Feuers roten Brand;
er schmilzt das Erz und wirkt und schafft
und leuchtet meiner fleißigen Hand,
erwärmt mein Blut mit Willenskraft.

Herr Gott, ich preise Deine Stärke,
ich danke für die Schönheit Deiner Werke:
für Schwester Wassers klaren Lebensquell;
es löscht den Durst mit Himmelstau,
erfüllt den Brunnen rein und silberhell,
erquickt das Grün in Feld und Au.

Herr Gott, ich preise Deine Stärke,
ich danke für die Schönheit Deiner Werke:
besonders für den festen Grund der Mutter Erde,
die Blumen trägt und unser täglich Brot,
die gütig Nahrung gibt dem Hirten und der Herde,
aus der mein Leib erwuchs nach Deinem Bilde und Gebot.

Herr Gott, ich preise Deine Stärke,
ich danke für die Schönheit Deiner Werke:
Zuletzt will Leid und Bruder Tod ich nennen!
Denn Schmerzen können wir in Liebe wandeln,
wenn Prüfung wir als Deinen Ruf erkennen
und wenn Dein Wille wirkt in unserm Handeln.

Den Vater preist, der uns erschaffen –
Den Sohn, der Tod zu Leben wandelt –
Den Geist, der danken lehrt und ewig hoffen –

aus dem Italienischen übertragen von Helmut von Kügelgen

Nacht ist schon hereingesunken

Nacht ist schon hereingesunken,
Schließt sich heilig Stern an Stern,
Große Lichter, kleine Funken
Glitzern nah und glänzen fern;
Glitzern hier im See sich spiegelnd,
Glänzen droben klarer Nacht,
Tiefsten Ruhens Glück besiegelnd
Herrscht des Mondes volle Pracht.

Johann Wolfgang Goethe

Denkt doch, was Demut ist! Seht doch, was Einfalt kann!
Die Hirten schauen Gott am allerersten an.
Der sieht Gott nimmermehr, noch dort, noch hier auf Erden,
Der nicht ganz inniglich begehrt, ein Hirt zu werden.

Angelus Silesius

Spruch

Bei jedem Bissen Brot
Denk' an der Sonne Rot,
Die Korn auf Körnlein hat erwärmt
Und wachsen ließ aus Liebe.

Bei jedem Bissen Brot
Denk' an des Bruders Not,
Der einsam sich am Hunger härmt,
O du, den Gottes Segen wärmt –
Geh, gib ihm – Brot und Liebe.

Herbert Hahn

Säerspruch

Bemesst den Schritt, bemesst den Schwung!
Die Erde bleibt noch lange jung!
Dort fällt ein Korn, das stirbt und ruht.
Die Ruh ist süß. Es hat es gut.

Hier eins, das durch die Scholle bricht.
Es hat es gut, süß ist das Licht.
Und keines fällt aus dieser Welt.
Und jedes fällt, wie's Gott gefällt.

Conrad Ferdinand Meyer

Das bucklige Männlein

Will ich in mein Gärtlein gehen,
Will mein Zwiebeln gießen:
Steht ein bucklicht Männlein da,
Fängt als an zu niesen.

Will ich in mein Küchel gehen,
Will mein Süpplein kochen:
Steht ein bucklicht Männlein da,
Hat mein Töpflein brochen.

Will ich in mein Stüblein gehen,
Will mein Müslein essen:
Steht ein bucklicht Männlein da,
Hat's schon selber gessen.

Will ich auf mein Boden gehen,
Will mein Hölzlein holen:
Steht ein bucklicht Männlein da,
Hat's mir halb gestohlen.

Setz ich mich ans Rädlein hin,
Will mein Fädel drehen:
Steht ein bucklicht Männlein da,
Lässt mir's Rad nicht gehen.

Geh ich in mein Kämmerlein,
Will mein Bettlein machen:
Steht ein bucklicht Männlein da,
Fängt als an zu lachen.

Wenn ich an mein Bänklein knie,
Will ein bissle beten:
Steht ein bucklicht Männlein da,
Fängt als an zu reden:

„Liebes Kindlein, ach ich bitt,
Bet fürs bucklicht Männlein mit.“

Clemens Brentano

Elfenlied

Um Mitternacht, wenn die Menschen erst schlafen,
dann scheinet uns der Mond,
dann leuchtet uns der Stern:
wir wandeln und singen
und tanzen erst gern.

Um Mitternacht, wenn die Menschen erst schlafen,
auf Wiesen, an den Erlen,
wir suchen unsern Raum,
und wandeln und singen
und tanzen einen Traum.

Johann Wolfgang Goethe

Rätsel

Im Frühling leuchtet's rosenrot,
dann gibt's den Bienen reichlich Brot;
im Sommer ist es grün und klein,
da wird es kaum beachtet sein.
Doch kommt der Herbst, wird's reif und rund,
und wiegt zu dritt ein ganzes Pfund.
Rat: rosenrot und grün und klein
und reif und rund – was mag das sein?

*

Der arme Tropf
Hat keinen Kopf;
Das arme Weib
Hat keinen Leib;
Die arme Kleine
Hat keine Beine.
Sie ist ein langer Darm,
Doch schlingt sie einen Arm
Bedächtig in den andern ein.
Was mag das für ein Weiblein sein?

Johann Peter Hebel

Die Rätsel der Elfen

Die Elfen sitzen im Felsenschacht,
Vertreiben mit Reden die lange Nacht.
Sie legen sich lustige Rätsel vor,
Die, wenn sie nicht Gold sind, doch klingen im Ohr.
Und wie ein Windzug dazwischen geht,
So sind samt der Elfen die Rätsel verweht. –
Welch Gold entstammt dem Erdschacht nicht?
Ich hörte von goldenem Sonnenlicht.
Wer borgt sein Silber von fremdem Gold?
Der Mond, der ob unseren Häuptern rollt.
Wo quillt die Trän' aus härtester Brust?
Der Quell im Fels ist mir wohl bewusst.
Wo strömt ein Strom, da kein Strombett ist?
Der Regenstrom, der in Lüften fließt.
Wo ist auf dem Fluss die breiteste Brück'?
Das Eis ist gebaut aus einem Stück.
Die Flut, die im stetesten Takt sich bewegt?
Das Blut, das im Herzen des Menschen schlägt.
Wer trauert in seinem buntesten Kleid?
Das ist der Baum zu des Herbstes Zeit.
Wer hat tausend Augen und sieht sich nicht?
Der Strauch, der sie treibet und weiß es nicht.
Wer sah nie von innen sein eigenes Haus?
Die Schnecke, und kommt doch niemals heraus.
Wo hat man den Kleinsten zum König gemacht?
Der Zaunkönig wird ausgelacht.
Wo tritt der Schwache den Starken nieder?
Den Erdboden des Menschen Glieder.

Was ist stärker als der Erdengrund?
Das Eisen, denn es macht ihn wund.
Was ist stärker als Eisen und Stahl?
Das Feuer schmelzt sie allzumal.
Was ist stärker als Feuersglut?
Die feuerlöschende Wasserflut.
Was ist stärker als Flut im Meer?
Der Wind, der sie treibt hin und her.
Und was ist stärker als Wind und Luft?
Der Donner; sie zittern, wenn er ruft.
Und warum schwieg' ich jetzo still?
Weil ich nichts weiter hören will.

Friedrich Rückert

*

Welch ein Geschöpfchen!
Wie auch geboren,
Nie wachsen Ohren
Ihm an dem Köpfchen.
Es klingt wie Märchen:
Hat es ein Öhrchen,
Hat es kein Köpfchen.
Hat es ein Köpfchen,
Hat es kein Öhrchen,
Das arme Tröpfchen

Franz Brentano

Alles hört es fort und fort
Und sagt nicht ein einzig Wort.
Rate, wer ist so verschwiegen?
Schlafend wirst du auf ihm liegen.

Friedrich Güll

*

Es flog der Vogel federlos
Zu einem Baume blattlos;
Da kam die Frau mundlos
Und fraß den Vogel federlos.

*

Es sind zwei kleine Fensterlein
In einem großen Haus,
Da schaut die ganze Welt hinein,
Die ganze Welt heraus.

Ist schönes Wetter, gute Zeit,
So sind sie hell und lieb;
Doch wenn es stürmet, fröstelt, schneit,
So werden sie gar trüb.

Ignatz Franz Castelli

Wer's hat, der ist ein armer Mann,
wem's fehlt, der ist sehr wohl daran,
wer's weiß, der ist als dumm bekannt,
wer's tut, wird Taugenichts genannt,
wo's leer ist, weilt dies Unglückskind,
wer's hört, ist taub, wer's sieht, ist blind.

*

Im Hause mit fünf Stübchen,
da wohnen braune Bübchen;
nicht Tür noch Tor
führen ein noch aus;
wer sie besucht,
verzehrt das Haus.

Ich habe zwei Flügel
und kann doch nicht fliegen,
Ich hab' einen Rücken
und kann doch nicht liegen.
Ich habe ein Bein
und kann doch nicht stehn.
Ich trag' eine Brille
und kann doch nicht sehn.

*

ICH KENN EINEN PETER,
DEN KENNT JEDER,
DOCH GERN HAT IHN KEINER.
WAS IST DAS FÜR EINER ?

*

WENN ICH IN DER MITTE STEH,
RECHTS EIN E UND LINKS EIN E,
RAGE ICH ALS STOLZER BAUM
HOCH EMPOR IN DES WALDES RAUM.

ICH BIN EIN KLEINER,
SCHWARZER ZWERG
UND HEB GANZ LEICHT
DOCH EINEN BERG.

*

Sie ist um mich,
sie ist in mir,
sie ist im Haus,
ist vor der Tür,
ist oben, unten,
überall,
ist stets der treueste Vasall.

Jedoch mit Kraft
und mit Geschrei
verfolgt sie jede
Raserei.
So brüllt sie wild
und schmeichelt sacht
und ist so schlecht,
wie man sie macht.

Erika Beltle

Mit dem Ersten spielen Kinder.
Ganzes lebt im Bergrevier.
Jeder weiß, es schläft im Winter,
denn es ist ein – – –

Erika Beltle

*

Ich bringe dich rasch
von Ort zu Ort,
Tür auf –
Tür zu –
schon fahren wir fort.
Ich sause durch Dunkel
und künstliches Licht.
Grüß mir die Sonne!
Ich seh sie ja nicht –

Ute Andresen

Aus Drei mach Eins

Das Erste findet man in kalten Zonen.
Das Zweite dort, wo Menschen wohnen,
wo sich Familien mit den Tieren
auf freiem Landgebiet gruppieren.
Ins Dritte geht man unerfahren
und kommt dann erst heraus nach Jahren.
Der Ganzen, so man von ihr weiß,
zollt gerne man den höchsten Preis.

Erika Beltle

*

Stark waren wir
und riesengroß.
Nichts blieb von uns –
ein paar Knochen bloß.

Ute Andresen

Der Drache

Kemal

Kemal, mein Freund,
das ist einer!
Was der kann,
kann keiner.
Deutsch spricht er nicht viel.
Aber beim Fußballspiel.
Linksaußen.
Rechtsaußen.
Torwart, o Mann!
Es gibt keinen,
der das kann:
Kemal spricht
mit den Beinen.

Lisa-Marie Blum

Kleiner Zirkus

Meine Tanten haben Enten
mit besonderen Talenten,
wirklich – was die
alles können:
Balancieren, Flügelschlagen,
Flaschen auf dem Rücken tragen,
Fußball spielen, Brennholz spalten –
nur nicht ihre Schnäbel halten.

Ferner haben meine Tanten
einen jungen Elefanten.
Aber der ist
ungezogen;
denn er
greift mit seinem Rüssel
einfach in die Suppenschüssel.
Ja, der muss noch viel trainieren –
beispielsweise: Tischmanieren.

Hans Georg Lenzen

Der Rabe

Warum sich Raben streiten

Weißt du, warum sich Raben streiten?
Um Würmer und Körner und Kleinigkeiten,

und Schneckenhäuser und Blätter und Blumen
und Kuchenkrümel und Käsekrumen

und darum, wer Recht hat und Unrecht, und dann
auch darum, wer schöner singen kann.

Mitunter streiten sich Raben wie toll
darum, wer was tun und lassen soll,

und darum, wer erster ist, letzter und zweiter
und dritter und vierter und so weiter.

Raben streiten um jeden Mist.
Und wenn der Streit mal zu Ende ist,

weißt du, was Raben dann sagen?
Komm, wir wollen uns wieder vertragen.

Frantz Wittkamp

Nein

Nein, ich mag nicht.
Nein, ich will nicht.
Nein, ich tu nicht,
  was du sagst!

Nein, ich komm nicht.
Nein, ich hör nicht.
Nein, ich sag nichts,
  wenn du fragst!

Nein, ich geh nicht.
Nein, ich kann nicht.
Nein, du kriegst nichts –
  das ist meiner!

Nein, du sollst nicht.
Nein, du darfst nicht.
Nein, nein, nein!
  Mich liebt ja keiner.

Ute Andresen

Drinnen

Droht draußen das Dunkel,
bin ich drinnen geborgen.
Unter Decken im Bett
will ich schlafen bis morgen.

Wie der Bär in der Höhle,
wie der Vogel im Nest,
hab ich's warm und gemütlich
und schlafe fest.

Ute Andresen

Die Feder

Wie die Feder fliegen kann!
Fliegt mal auf und nieder
Setzt sich dann auch wieder
Bis der nächste kleine Wind
Sie mit auf die Reise nimmt
Flattert hoch und nieder
Grüßt die Erde wieder.
Liegt dann dort in Ruh
Hört dem Winde zu.

Sandra Giese

Flammende Herbstbäume

Fingerhut

Auf dem Finger
sitzt ein Hut.
Ja, dem Finger
geht es gut,
weil die Nadel
ihm nichts tut.
Fingerhut,
der ist gut.

Alfred Baur

Die Rosenknospe

Eine kleine Rosenknospe
Schlummert sanft im Sonnenlicht.
Emsig schwirren schon die Bienen
Aber sie erwacht noch nicht.

Kommt ein Schmetterling gegaukelt
Ganz aus Sonnenglanz gewebt.
Wie er um die Knospe schaukelt
Strahlend sie ihr Köpfchen hebt.

Roswitha Alexa

Alarm

Alarm! Hier spricht die Polizei:
Bertolt Biber, der ist frei!
Ist aus einem Zoo entwichen,
hat sich in die Stadt geschlichen,
wo er seitdem klaut und frisst,
dass es nicht zu glauben ist.
Hundertzwanzig Streuselkuchen
sind verschwunden und wir suchen
außerdem ein ganzes Fass
Honig, siebzig Ananas,
tausend Tafeln Schokolade,
neunzig Eier, und gerade
hören wir, es fehlt noch mehr:
Ob Schokokuss, ob Gummibär,
ob Marzipan, ob Früchtebrot,
ob Speiseeis, ob Obstkompott,
ob groß, ob klein, ob heiß, ob kalt –
Bertolt macht vor gar nichts halt.
Drum lasst ihn nicht in eure Wohnung!
Hunderttausend Mark Belohnung
winken dem, der ihn ergreift
und zur nächsten Wache schleift.
Seid so gut, schafft ihn herbei!
Schönen Dank, die Polizei.

Robert Gernhardt

Drei Katzen

Der Tag beginnt mit hellem Licht,
mit Krach und Dampfertuten.
Drei Katzen sitzen stumm am Fluss
und schauen in die Fluten.

Die Sonne brennt. Man geht nach Haus,
wo schon die Braten schmoren.
Drei Katzen sitzen regungslos
und spitzen ihre Ohren.

Die Sonne sinkt. Die Nacht bricht an.
Im Walde ruft ein Käuzchen.
Drei Katzen sitzen unverwandt
und lecken ihre Schnäuzchen.

Jetzt ist es dunkel. Alles schweigt.
Der Mond zieht seinen Bogen,
da sagt die erste Katze ernst:
„Man hat uns angelogen.

Es gibt gar keine Wassermaus.
Die hat der Fuchs erfunden.
Und wir, wir glauben ihm auch noch
und lauern hier seit Stunden!“

Betreten hör’n die andern zu.
Die leeren Bäuchlein schmerzen.
Drei Katzen sitzen stumm am Fluss
und schämen sich von Herzen.

Robert Gernhardt

Riesenhasen

Wenn die weißen Riesenhasen
abends übern Rasen rasen
und die goldnen Flügelkröten
still in ihren Beeten beten;
wenn die schwarzen Buddelraben
tief in ihrem Graben graben
und die feisten Felsenquallen
kichernd in die Fallen fallen –:
dann schreibt man, wie jedes Jahr,
den hundertzwölften Januar.

Was? Ihr kennt ihn nicht, den Tag?
Schaut mal im Kalender nach!

Robert Gernhardt

Raupe und Schmetterling

Die Raupe, die am Kohlkopf saß
und Löcher in die Blätter fraß,
die zeigte auf den Kohlweißling:
„Wär ich ein solcher Schmetterling,
hell schaukelnd unterm Sonnenlicht –
ich täte so hochnäsig nicht.“

Und siehe da, im nächsten Jahr
geschah’s, dass sie ein Falter war.
Da sah sie auf den Kohlblattspitzen
die dicken, fetten Fresser sitzen
und sagte voll Verachtung: „Nein,
wie kann man bloß ’ne Raupe sein.“

Rudolf Otto Wiemer

Die Kaulquappe

Die Kaulquappe schwänzelt im Teich herum
und weiß alles besser.
Vor allem die Frösche findet sie dumm,
die Fliegenfresser.
Wenn ich seh, wie sie hopsen, da kann ich nur lachen.
An Land ist es öde.

Und wenn sie verliebt sind und Quellaugen machen!
Mir wär' das zu blöde.
Das Komischste find ich, im Chor zu koaxen.
Da bin ich gescheiter.
„Auch dir", sprach der Frosch, „werden Beine wachsen,
dann reden wir weiter."

Michael Ende

Seltsamer Spazierritt

Ein Mann reitet auf seinem Esel nach Haus und lässt seinen Buben zu Fuß nebenher laufen. Kommt ein Wanderer und sagt: „Das ist nicht recht, Vater, dass Ihr reitet und lasst Euren Sohn laufen; Ihr habt stärkere Glieder."

Da stieg der Vater vom Esel herab und ließ den Sohn reiten.

Kommt wieder ein Wandersmann und sagt: „Das ist nicht recht, Bursche, dass du reitest und lässest deinen Vater zu Fuß gehen. Du hast jüngere Beine."

Da saßen beide auf und ritten eine Strecke.

Kommt ein dritter Wandersmann und sagt: „Was ist das für ein Unverstand, zwei Kerle auf einem schwachen Tiere? Sollte man nicht einen Stock nehmen und euch beide hinabjagen?"

Da stiegen beide ab und gingen selbdritt zu Fuß, rechts und links der Vater und Sohn und in der Mitte der Esel.

Kommt ein vierter Wandersmann und sagt: „Ihr seid drei kuriose Gesellen. Ist's nicht genug, wenn zwei zu Fuß gehen? Geht's nicht leichter, wenn einer von euch reitet?"

Da band der Vater dem Esel die vorderen Beine zusammen, und der Sohn band ihm die hintern Beine zusammen, zogen einen starken Baumpfahl durch, der an der Straße stand, und trugen den Esel auf der Achsel heim.

So weit kann's kommen, wenn man es allen Leuten will recht machen.

Johann Peter Hebel

Die Kristallkugel

Es war einmal eine Zauberin, die hatte drei Söhne, die sich brüderlich liebten; aber die Alte traute ihnen nicht und dachte, sie wollten ihr die Macht rauben. Da verwandelte sie den ältesten in einen Adler, der musste auf einem Felsengebirge hausen und man sah ihn manchmal am Himmel in großen Kreisen auf und nieder schweben. Den zweiten verwandelte sie in einen Walfisch, der lebte im tiefen Meer, und man sah nur, wie er zuweilen einen mächtigen Wasserstrahl in die Höhe warf. Beide hatten nur zwei Stunden jeden Tag ihre menschliche Gestalt. Der dritte Sohn, da er fürchtete, sie möchte ihn auch in ein reißendes Tier verwandeln, in einen Bären oder Wolf, ging heimlich fort. Er hatte aber gehört, dass auf dem Schloss der goldenen Sonne eine verwünschte Königstochter säße, die auf Erlösung harrte; es müsste aber jeder sein Leben daran wagen, schon dreiundzwanzig Jünglinge wären eines jämmerlichen Todes gestorben und nur noch einer übrig, dann dürfte keiner mehr kommen. Und da sein Herz ohne Furcht war, so fasste er den Entschluss, das Schloss von der goldenen Sonne aufzusuchen. Er war schon lange Zeit herumgezogen und hatte es nicht finden können, da geriet er in einen großen Wald und wusste nicht, wo der Ausgang war. Auf einmal erblickte er in der Ferne zwei Riesen, die winkten ihm mit der Hand, und als er zu ihnen kam, sprachen sie: „Wir streiten um einen Hut, wem er zugehören soll, und da wir beide gleich stark sind, so kann keiner den anderen überwältigen; die kleinen Menschen sind klüger als wir, daher wollen wir die Entscheidung dir überlassen." – „Wie könnt ihr euch um einen alten Hut streiten?"

sagte der Jüngling. – „Du weißt nicht, was er für Eigenschaften hat, es ist ein Wünschhut, wer den aufsetzt, der kann sich hinwünschen, wohin er will, und im Augenblick ist er dort." – „Gebt mir den Hut", sagte der Jüngling, „ich will ein Stück Weges gehen und wenn ich euch dann rufe, so lauft um die Wette, und wer am ersten bei mir ist, dem soll er gehören." Er setzte den Hut auf und ging fort, dachte aber an die Königstochter, vergaß die Riesen und ging immer weiter. Einmal seufzte er aus Herzensgrund und rief: „Ach, wäre ich doch auf dem Schloss der goldenen Sonne!" Und kaum waren die Worte über seine Lippen, so stand er auf dem hohen Berg vor dem Tor des Schlosses.

Er trat hinein und ging durch alle Zimmer, bis er in dem letzten die Königstochter fand. Aber wie erschrak er, als er sie anblickte: sie hatte ein aschgraues Gesicht voll Runzeln, trübe Augen und rote Haare. „Seid Ihr die Königstochter, deren Schönheit alle Welt rühmt?" rief er aus. – „Ach", erwiderte sie, „das ist meine Gestalt nicht, die Augen der Menschen können mich nur in dieser Hässlichkeit erblicken, aber damit du weißt, wie ich aussehe, so schaue in den Spiegel, der lässt sich nicht irremachen, der zeigt dir mein Bild, wie es in Wahrheit ist." Sie gab ihm den Spiegel in die Hand, und er sah darin das Abbild der schönsten Jungfrau, die auf der Welt war, und sah, wie ihr vor Traurigkeit die Tränen über die Wangen rollten. Da sprach er: „Wie kannst du erlöst werden? Ich scheue keine Gefahr." Sie sprach: „Wer die kristallene Kugel erlangt und hält sie dem Zauberer vor, der bricht damit seine Macht, und ich kehre in meine wahre Gestalt zurück. Ach", setzte sie hinzu, „schon so mancher ist darum in seinen Tod gegangen, und du junges Blut, du jammerst mich, wenn du dich in die großen Gefährlichkeiten begibst." – „Mich kann nichts abhalten", sprach er, „aber sage mir, was ich tun muss." – „Du sollst alles wissen", sprach die Königstochter, „wenn du den Berg, auf dem das Schloss steht, hinab gehst, so wird unten an einer Quelle ein Auerochs stehen, mit dem musst du kämpfen. Und wenn es dir glückt, ihn zu töten, so wird sich aus ihm ein feuriger Vogel erheben, der trägt in seinem Leib ein glühendes Ei, und in dem Ei steckt als Dotter die Kristallkugel. Er lässt das Ei aber nicht fallen, bis er dazu gedrängt wird, fällt es aber auf die Erde, so zündet es und verbrennt alles in der Nähe, und das Ei selbst zerschmilzt und mit ihm die kristallene Kugel, und all deine Mühe ist vergeblich gewesen."

Der Jüngling stieg hinab zu der Quelle, wo der Auerochse schnaubte und ihn anbrüllte. Nach langem Kampf stieß er ihm sein Schwert in den Leib, und er sank nieder. Augenblicklich erhob sich aus ihm der Feuervogel und wollte fortfliegen, aber der Adler, der Bruder des Jünglings, der zwischen den Wolken daher zog, stürzte auf ihn herab, jagte ihn nach dem Meer hin und stieß ihn mit seinem Schnabel an, so dass er in der Bedrängnis das Ei fallen ließ. Es fiel aber nicht in das Meer, sondern auf eine Fischerhütte, die am Ufer stand, und die fing gleich an zu rauchen und wollte in Flammen aufgehen. Da erhoben sich im Meer haushohe Wellen, strömten über die Hütte und bezwangen das Feuer. Der andere Bruder, der Walfisch, war herangeschwommen und hatte das Wasser in die Höhe getrieben. Als der Brand gelöscht war, suchte der Jüngling nach dem Ei und fand es glücklicherweise; es war nicht geschmolzen, aber die Schale war von der plötzlichen Abkühlung durch das kalte Wasser zerbröckelt, und er konnte die Kristallkugel unversehrt herausnehmen.

Als der Jüngling zu dem Zauberer ging und sie ihm vorhielt, so sagte dieser: „Meine Macht ist zerstört, und du bist von nun an der König vom Schloss der goldenen Sonne. Auch deinen Brüdern kannst du die menschliche Gestalt damit zurückgeben." Da eilte der Jüngling zu der Königstochter, und als er in ihr Zimmer trat, so stand sie da in vollem Glanz ihrer Schönheit, und beide wechselten voll Freude ihre Ringe miteinander.

Brüder Grimm

Die schöne Katrinelje und Pif Paf Poltrie

„Guten Tag, Vater Hollenthe." „Großen Dank, Pif Paf Poltrie." „Könnt ich wohl Eure Tochter kriegen?" „O ja, wenn's die Mutter Malcho, der Bruder Hohenstolz, die Schwester Käsetraut und die schöne Katrinelje will, so kann's geschehen."

„Wo ist dann die Mutter Malcho?"

„Sie ist im Stall und melkt die Kuh."

„Guten Tag, Mutter Malcho." „Großen Dank, Pif Paf Poltrie." „Könnt ich wohl Eure Tochter kriegen?" „O ja, wenn's der Vater Hollenthe, der Bruder Hohenstolz, die Schwester Käsetraut und die schöne Katrinelje will, so kann's geschehen."

„Wo ist dann der Bruder Hohenstolz?"

„Er ist in der Kammer und hackt das Holz.'"

„Guten Tag, Bruder Hohenstolz.“ „Großen Dank, Pif Paf Poltrie.“ „Könnt ich wohl Eure Schwester kriegen?“ „O ja, wenn’s der Vater Hollenthe, die Mutter Malcho, die Schwester Käsetraut und die schöne Katrinelje will, so kann’s geschehen.“

„Wo ist dann die Schwester Käsetraut?“

„Sie ist im Garten und schneidet das Kraut.“

„Guten Tag, Schwester Käsetraut.“ „Großen Dank, Pif Paf Poltrie.“ „Könnt ich wohl Eure Schwester kriegen?“ „O ja, wenn’s der Vater Hollenthe, die Mutter Malcho, der Bruder Hohenstolz und die schöne Katrinelje will, so kann’s geschehen.“

„Wo ist dann die schöne Katrinelje?“

„Sie ist in der Kammer und zählt ihre Pfennige.“

„Guten Tag, schöne Katrinelje.“ „Großen Dank, Pif Paf Poltrie.“ „Willst Du wohl mein Schatz sein?“ „O ja, wenn’s der Vater Hollenthe, die Mutter Malcho, der Bruder Hohenstolz, die Schwester Käsetraut will, so kann’s geschehen.“

„Schön Katrinelje, wie viel hast Du an Brautschatz?“ „Vierzehn Pfennige bares Geld, drittehalb Groschen Schuld, ein halb Pfund Hutzeln, eine Handvoll Prutzeln, eine Handvoll Wurzelen, und so der watt, is dat nig en guden Brutschatt?“

„Pif Paf Poltrie, was kannst Du für ein Handwerk? Bist Du ein Schneider?“ „Noch viel besser.“ „Ein Schuster?“ „Noch viel besser.“ „Ein Ackersmann?“ „Noch viel besser.“ „Ein Schreiner?“ „Noch viel besser.“ „Ein Schmied?“ „Noch viel besser.“ „Ein Müller?“ „Noch viel besser.“ „Vielleicht ein Besenbinder?“ „Ja, das bin ich: ist das nicht ein schönes Handwerk?“

Brüder Grimm

Der einsame Schmetterling

Ein bunter Schmetterling flattert einsam durch die Luft.
Da trifft er einen Frosch und sagt zu ihm:
„Frosch, wollen wir zusammen fliegen?"
„Ich kann doch nicht fliegen!" sagt der Frosch. „Aber wenn du schwimmen kannst, spiele ich gerne mit dir."
Und der Frosch springt in den Teich und taucht unter.

Traurig flattert der Schmetterling weiter.
Da trifft er eine Maus. Er sagt zu ihr:
„Der Frosch ist mir weggesprungen. Wollen wir nicht zusammen fliegen?"
„Ich kann doch nicht fliegen!" sagt die Maus. „Aber wenn du in Mauselöcher kriechen kannst, spiele ich gerne mit dir."
Und die Maus verschwindet in ihrem Loch.

Traurig flattert der Schmetterling weiter.
Da trifft er einen Hasen und sagt zu ihm:
„Der Frosch ist mir weggesprungen, die Maus ist in ihrem Loch verschwunden. Wollen wir nicht zusammen fliegen?"
„Ich kann doch nicht fliegen!" sagt der Hase. „Aber wenn du Haken schlagen kannst, will ich gern mit dir spielen."
Und der Hase schlägt einen Haken und rennt davon.

Traurig flattert der Schmetterling weiter.
Da trifft er ein Pferd und sagt zu ihm:
„Der Frosch ist mir weggesprungen, die Maus ist in ihrem Loch verschwunden, der Hase ist davongerannt. Wollen wir nicht zusammen fliegen?"
„Ich kann doch nicht fliegen!" sagt das Pferd. „Aber wenn du reiten kannst, will ich gern mit dir spielen."
Und das Pferd macht einen Sprung und galoppiert davon.

Traurig flattert der Schmetterling weiter.
Gibt es denn kein Tier, das mit ihm spielen könnte? Da kommt er an einen kleinen Teich. Die Mittagssonne steht hoch am Himmel und glitzert im Wasser. Die Schilfhalme wiegen sich im lauen Wind und kleine Blumen am Ufer leuchten in wunderschönen Farben. Der Schmetterling flattert über den Teich und schaut traurig ins Wasser. Da sieht er etwas im Teich. Es ist ein kleines, buntes Tier. Es flattert im Wasser und schaut ihn geradewegs an. Das macht ihm Spaß und der Schmetterling flattert mit seinem Spielgefährten im Teich um die Wette.

Da hört er ein Lachen am Ufer und dreht sich um.
„Wer lacht da?" ruft er.
„Wir sind's", lachen die Blumen und biegen ihre Stängel, „was machst du für einen drolligen Tanz?"
„Ich fliege um die Wette mit meinem neuen Freund", antwortet der Schmetterling.
„Aber Schmetterling, das ist doch nur dein Spiegelbild!" rufen die Blumen. „Komm zu uns und spiel mit uns. Mal sehen, welche du wohl am schnellsten fängst."
Und die Blumen wiegen und biegen ihre Blüten und Stängel im Wind.
Und der Schmetterling hatte endlich jemanden gefunden, mit dem er fliegen konnte.

Lena Thaler

Eine große Familie

„Ach, meine Lieben ...!“
Die alte Kartoffel seufzte so tief,
dass sie gleich noch etwas schrumpliger wurde.
Sie spürte, wie ihre Kräfte sie verließen.

Was hatte sie aber auch den Sommer über
aus sich heraus und nach allen Seiten getrieben:
Wurzeln und Knollen und Knöllchen in der Erde,
Stängel und Blätter, Blüten und Früchte
hinauf in Luft und Licht.

Die Früchte waren giftig geworden, leider!
Aber hier unten war alles wohl geraten:
feste Knollen voller Gesundheit,
frisch und prall wie sie selbst,
als ein Kind sie im Frühjahr in die Erde legte.
Wie lange, lange war das nun her!

Die alte Kartoffel war längst erschöpft und hässlich.
Das Kind würde sie sicher nicht wiedererkennen.
Aber es würde staunen über ihre große Familie.
Und dann?
Was würde dann geschehen?
„Ach“, seufzte die alte Kartoffel, „wer weiß!“
Und sie schrumpfte noch ein bisschen.
„Ich bin so müde, so müde ...“

Ute Andresen

Michaelslegende aus der Normandie

Michael und der Teufel wohnten nahe beieinander. Als sie an einem Winterabend so beisammensaßen, gerieten sie in Streit: Satan behauptete, dass seine Macht keine Grenzen habe, Michael aber sagte, Gott allein sei allmächtig.

„Nun, so rufe Gott zu Hilfe und baue ein Schloss", sagte der Teufel, „ich werde auch eines bauen und wir werden ja sehen, welches das Schönste sein wird." Michael war einverstanden. Bald darauf schickte der Satan eine ganze Schar kleiner Teufel aus; sie sollten große Granitblöcke aus allen Himmelsrichtungen zusammentragen. Dann ging es an die Arbeit, und bald erhob sich auf einer Insel, die von Meereswogen umbrandet und von Stürmen heimgesucht war, ein ungeheures Schloss. Immer mehr Blöcke schleppten die Teufel herbei, so dass sich ein ganzes Gebirge aus Granit aus dem Meer auftürmte. Der Teufel war stolz auf sein Werk. Michael ließ es sich nicht so viel Mühe kosten: Aus Eiskristallen errichtete er am Strand durchscheinende Mauern und kühne Türme, die mit zierlichen Säulen geschmückt waren. Dieses lichtfunkelnde Schloss, das weithinaus seinen diamantenen Schein warf, überstrahlte die düsteren Granitmassen. Der stolze Teufel musste zugeben, dass er besiegt war, und kleinlaut zog er sich zurück. Doch der Neid ließ ihn nicht mehr schlafen. Als er es gar nicht mehr aushielt, fragte er Michael, ob sie nicht tauschen wollten; und dem war es recht. Doch als der Sommer kam, zerschmolz der Eispalast des Teufels unter den heißen Sonnenstrahlen, die Burg Michaels aber steht noch heute, es ist der Mont Saint-Michel.

Nun musste der Teufel in einer einfachen Hütte an der Meeresküste wohnen, aber er besaß fruchtbare Felder, reich bewässerte Wiesen, Hügel, die mit großen Bäumen bepflanzt waren, und grünende Täler. Michael aber nannte nur Sanddünen sein Eigen, und ohne Beten wäre er verhungert. Als einige entbehrungsreiche Jahre vergangen waren, war Michael aber dieses Zustandes überdrüssig und er suchte den Teufel auf und sagte: „Ich will dir einen Vorschlag machen: Überlasse mir alle deine Ländereien, ich werde sie aufs Beste bebauen, und wir wollen dann die Ernte teilen!“ Der Teufel war einverstanden, und Michael fuhr fort: „Ich möchte nicht, dass du dich hinterher über mich beklagst; wähle selbst, was dir lieber ist, das, was über der Erde wächst oder was darunter.“ Da rief der Teufel: „Das, was darüber wächst!“ – „Gut“, sagte Michael. Sechs Monate später sah man in dem ungeheuer weiten Gebiet des Teufels nichts als Kohlrüben, Karotten und Zwiebeln angepflanzt. Satan erntete nichts; er beklagte sich heftig und wollte den Vertrag rückgängig machen. Aber Michael hatte Freude am Ackerbau gefunden und ließ sich nicht darauf ein. „Zur Entschädigung sollst du dieses Jahr all das haben, was unter der Erde reift“, sagte er. Da war der Teufel schon voller Freude. Im kommenden Jahr aber waren alle Felder voll Korn, Hafer, Gerste und gelbem Raps. Der Teufel bekam wieder nichts und wurde vor Ärger krebsrot. Als er eben ausholen wollte, um Michael zu schlagen, versetzte ihm dieser solch einen gewaltigen Stoß ins Kreuz, dass er wie eine Kugel durch den Weltenraum geschleudert wurde. Noch heute sieht man die Spuren seiner Hörner und Krallen in den Felsen von Mortain, wo er wieder zur Erde kam. Auf immer zerschlagen, zerschunden hinkend stand er auf und blickte zu dem verhängnisvollen Berg hinüber: Dort war ein Stärkerer als er; ihm überließ er seine Felder, Wiesen und Wälder und suchte sich anderswo sein Reich.

Fingerhütchen

Liebe Kinder, wisst ihr, wo
Fingerhut zu Hause?
Tief im Tal von Acherloo
Hat er Herd und Klause;
Aber schon in jungen Tagen
Muss er einen Höcker tragen,
Geht er, wunderlicher nie
Wallte man auf Erden!
Sitzt er, staunen Kinn und Knie,
Dass sie Nachbarn werden.

Körbe flicht aus Binsen er,
Früh und spät sich regend,
Trägt sie zum Verkauf umher
In der ganzen Gegend,
Und er gäbe sich zufrieden,
Wär er nicht im Volk gemieden;
Denn man zischelt mancherlei:
Dass ein Hexenmeister,
Dass er kräuterkundig sei
Und im Bund der Geister.

Solches ist die Wahrheit nicht,
Ist ein leeres Meinen,
Doch das Volk im Dämmerlicht
Schaudert vor dem Kleinen.

So die Jungen wie die Alten
Weichen aus dem Ungestalten –
    Doch vorüber wohlgemut
    Auf des Schusters Räppchen
    Trabt er. Blauer Fingerhut
    Nickt von seinem Käppchen.

    Einmal geht er heim bei Nacht
    Nach des Tages Lasten,
    Hat den halben Weg gemacht,
    Darf ein bisschen rasten,
Setzt sich und den Korb daneben,
Schimmernd hebt der Mond sich eben:
    Fingerhut ist gar nicht bang,
    Ihm ist gar nicht schaurig,
    Nur dass noch der Weg so lang,
    Macht den Kleinen traurig.

    Etwas hört er klingen fein –
    Nicht mit rechten Dingen,
    Mitten aus dem grünen Rain
    Ein melodisch Singen:
„Silberfähre, gleitest leise" –
Schon verstummt die kurze Weise.
    Fingerhütchen spähet scharf
    Und kann nichts entdecken,
    Aber was er hören darf,
    Ist nicht zum Erschrecken.

Wieder hebt das Liedchen an
Unter Busch und Hecken,
Doch es bleibt der Reimgespan
Stets im Hügel stecken.
„Silberfähre gleitest leise" –
Wiederum verstummt die Weise.
Lieblich ist, doch einerlei
Der Gesang der Elfen,
Fingerhütchen fällt es bei,
Ihnen einzuhelfen.

Fingerhütchen lauert still
Auf der Töne Leiter,
Wie das Liedchen enden will,
Führt er leicht es weiter:
„Silberfähre gleitest leise" –
„Ohne Ruder, ohne Gleise."
Aus dem Hügel ruft's empor:
„Das ist dir gelungen!"
Unterm Boden kommt hervor
Kleines Volk gesprungen.

„Fingerhütchen, Fingerhut",
Lärmt die tolle Runde,
„Fass dir einen frischen Mut!
Günstig ist die Stunde!
Silberfähre, gleitest leise
Ohne Ruder, ohne Gleise!

Dieses hast du brav gemacht,
Lernet es, ihr Sänger!
Wie du es zustand gebracht,
Hübscher ist's und länger!

Zeig dich einmal, schöner Mann!
Lass dich einmal sehen:
Vorn zuerst und hinten dann!
Lass dich einmal drehen!
Weh! Was müssen wir erblicken!
Fingerhütchen welch ein Rücken!
Auf der Schulter, liebe Zeit,
Trägst du grause Bürde!
Ohne hübsche Leiblichkeit
Was ist Geisteswürde?

Eine ganze Stirne voll
Glücklicher Gedanken,
Unter einem Höcker soll
Länger sie nicht schwanken!
Strecket euch, verkrümmte Glieder!
Garst'ger Buckel, purzle nieder!
Fingerhut, nun bist du grad,
Deines Fehls genesen!
Heil zum schlanken Rückengrat!
Heil zum neuen Wesen!"

Plötzlich steckt der Elfenchor
Wieder tief im Raine,
Auf dem Hügelrund empor
Tönt's im Mondenscheine:
„Silberfähre gleitest leise
Ohne Ruder, ohne Gleise."
Fingerhütchen wird es satt,
Wäre gern daheime,
Er entschlummert blass und matt
An dem eignen Reime.

Schlummert eine ganze Nacht
Auf derselben Stelle,
Wie er endlich auferwacht,
Scheint die Sonne helle:
Kühe weiden, Schafe grasen
Auf des Elfenhügels Rasen.
Fingerhut ist bald bekannt,
Lässt die Blicke schweifen,
Sachte dreht er dann die Hand,
Hinter sich zu greifen.

Ist ihm Heil im Traum geschehn?
Ist das Heil die Wahrheit?
Wird das Elfenwort bestehn
Vor des Tages Klarheit?
Und er tastet, tastet, tastet:
Unbebürdet! Unbelastet!

„Jetzt bin ich ein grader Mann!“
Jauchzt er ohne Ende,
Wie ein Hirschlein jagt er dann
Über Feld behände.

Fingerhut steht plötzlich still,
Tastet leicht und leise,
Ob er wieder wachsen will?
Nein, in keiner Weise!
Selig preist er Nacht und Stunde,
Da er sang im Geisterbunde –
Fingerhütchen wandelt schlank,
Gleich als hätt’ er Flügel,
Seit er schlummernd niedersank
Nachts am Elfenhügel.

Conrad Ferdinand Meyer

Bruder Bär

In der Hütte meiner Großmutter hing neben anderen wunderlichen Dingen und Gerätschaften ein großes, braunes Bärenfell. So vieles, das meine Großmutter in ihrem Besitz hatte, war mit seltsamen Geschichten und Begebenheiten verbunden. Aber dieser Pelz, das spürte ich genau, hatte sein eigenes, ganz besonderes Geheimnis.

Als sie mich einmal sah, wie ich das Fell betrachtete und es vorsichtig streichelte, lächelte sie und meinte: „Ja mein Kind, mit dem Bärenpelz hat es eine seltsame Bewandtnis. Sicher willst du diese Geschichte gerne hören, doch ist das nicht so einfach. Über ein ganzes Menschenleben zieht sie sich hin. Lass mich dir jeden Abend, wenn du in deinem Bett liegst, ein wenig davon erzählen, und – wie viele Regentropfen nach und nach einen See ergeben, wird sich auch hier eins zum anderen fügen."

Erster Abend

Wärest du vor vielen Jahren im Winter über die weiten Schneefelder im klirrenden Frost gegangen, hätte sich dir etwas Seltsames gezeigt: Waren da nicht Spuren von kleinen nackten Füßen im Schnee? Hättest du gesucht, wo sie ihren Anfang nahmen, in einem Dorf oder einem Haus, du hättest ganz bestimmt nichts gefunden. Sie begannen nämlich mitten auf weiter, freier Ebene. Da war kein Haus, kein Dorf oder Baum – nichts, gar nichts, nur Schnee. Und gerade da begannen die Spuren, und es sah aus, als wäre ein Kind mit seinen kleinen nackten Füßen in dieser eisigen Kälte durch den Schnee gegangen. Machen wir uns also auf den Weg und folgen den Spuren ...

Doch nachdem wir einige Zeit gegangen sind, scheinen es nicht mehr die gleichen Spuren zu sein. Als hätten sich die Füße langsam verändert, so sieht es aus. Und dann sind die Spuren verschwunden, und an ihrer Stelle führen plötzlich andere weiter – ganz andere. Kannst du mir sagen, was das für Spuren sein mögen? Du wirst es dir nicht denken – lass uns daher weitergehen. Inzwischen ist es Abend geworden und den ganzen Tag haben wir die Spuren verfolgt. Wo möchten sie uns wohl hinführen? Da taucht aus der Dunkelheit eine Tanne vor uns auf. Und hier, unter der Tanne, enden die Spuren – bei einem schlafenden Bären ...

An der Wand die Uhr jetzt schlägt
Kerze flackert, Windsbraut fegt,
Überm Wald der Mond schon steht –
Traumbär übern Himmel geht.

Zweiter Abend

Was mag nun mit unserem geheimnisvollen Freund geschehen sein? Nachdem er lange geschlafen hatte unter der Tanne, wachte er auf und begann durch die Wälder zu ziehen. Und das Seltsame: Wo er auch hinkam, kein Tier floh vor ihm, er wurde von allen geachtet, doch nicht gefürchtet. Nur hie und da geschah es, dass ein Wolf, der irgendetwas Dunkles im Schilde führte, den Schwanz einzog und mit einem kläglichen Jaulen im Wald verschwand, wenn der Bär ihn auch nur ansah.

So lebte er ganz allein und friedvoll in den großen Wäldern, ein heimlicher König der Tiere. Im Winter schlief er viel. Wenn er aufwachte, musste er sich dürftig von Wurzeln ernähren – fand jedoch immer genug, um irgendeinem seiner Freunde, der vielleicht krank war und nicht selbst auf Nahrungssuche gehen konnte, etwas abzugeben. Aber im Sommer gab es für ihn Beeren und Früchte in Fülle, und er konnte sich sogar noch etwas Honig von den wilden Bienen holen ...

An der Wand die Uhr jetzt schlägt,
Kerze flackert, Windsbraut fegt,
Stern zu dir ins Bettlein sieht –
Traumbär durch die Wälder zieht.

Dritter Abend

So hatte der Bär ein schönes Leben in den Wäldern – bis der alte Tatar sich aufmachte den Bären zu jagen. Oft schon hatte ihn der Alte gesehen, hatte ihn bis ins tiefste Dickicht hinein verfolgt, aber dann mit einem Mal war der Bär verschwunden und der Jäger hatte das Nachsehen und dazu noch alle Mühe, wieder aus dem Wald hinauszufinden.

Und so hatte der Bär, der Tiere heimlicher König, achtsam, wie er war, nichts zu fürchten. Er kannte den Wald mit all seinen Höhlen und Verstecken und andere Tiere halfen ihm gerne, wenn er in Not war. Sie halfen ihm, sich zu verbergen, und führten den alten Tataren so in die Irre.

Eines Morgens, als die Sonne gerade aufgegangen war und der Nebel sich teilte, da leuchteten und glänzten in der Ferne die Türme der Stadt des Zaren. Wie der Bär dies sah, trat er aus dem schützenden Wald heraus und blickte sehnsuchtsvoll auf dieses Funkeln ... ganz versunken stand er da, sah nur die Strahlen. Da trat mit einem Mal der alte Tatar hinter einem Baum hervor und warf dem Bären mit geübtem Schwung eine Schlinge über den Kopf. Der Bär war gefangen und musste nun, gebunden am Seile, mit dem Alten nach der Stadt ziehen – den goldenen Türmen entgegen.

An der Wand die Uhr jetzt schlägt,
Kerze flackert, Windsbraut fegt,
Wolke vor den Mond sich schiebt –
Traumbär zu den Menschen zieht.

Vierter Abend

Ihr Ziel jedoch war noch nicht gleich die Stadt. Zuerst zogen sie noch zur Behausung des alten Tataren und dort musste der arme Gefangene das Tanzen lernen – und sieh da, kaum erklangen von der Fiedel des Alten, die er mehr schlecht als recht strich, nur ein paar Töne, da richtete sich der Bär auf seine Hintertatzen auf und begann sich sachte und geschickt zu drehen. Dies verwunderte den Tataren sehr, aber er rieb sich nur die Hände vor

Freude einen so guten Fang gemacht zu haben. Mit den Kunststücken des großen Bären, den er in der Zarenstadt vor aller Welt tanzen lassen wollte, gedachte er nun sein Glück zu machen.

Nun kamen sie in die Stadt mit den prächtigen Türmen und Zinnen. Und des Bären Augen leuchteten vor so viel goldener Pracht und Herrlichkeit. Aber er hatte keine Zeit, all die Dinge zu bestaunen, denn schon fühlte er den Knotenstock des Alten auf seinem Pelz und musste zur Fiedel tanzen. In so manchen Nächten saß der Bär in seinem Käfig und weinte große Tränen.

An der Wand die Uhr jetzt schlägt,
Kerze flackert, Windsbraut fegt,
Eisiger Hauch die Nacht durchweht –
Traumbär durch die Wälder geht.

Fünfter Abend

Eines Tages, als der Bär wieder zu dem unseligen Gekratze des Tataren tanzen musste, warfen Kinder mit glühenden Kohlen nach ihm – nur so zum Spaß. Die Kohlen versengten sein Fell und der Bär konnte sich nicht davor schützen, weil er doch tanzen musste. Den Menschen gefiel, wie er die seltsamsten Sprünge vollführte, um den Kohlen zu entgehen, und sie lachten darüber. Da trat mit einem Mal ein kleines Mädchen hervor. Niemand kannte es und niemand hatte gesehen, woher es kam. Es war da, als ob es schon immer da gewesen wäre und nur darauf gewartet hätte, jetzt zu erscheinen. Nun trat es zwischen die Kinder und den Bären. Ein glühendes Stück Kohle flog, von der unglücklichen Hand eines Jungen geworfen, durch die Luft – und traf das Mädchen mitten auf die Stirn. Der Bär sah dies, ließ sich auf seine Vordertatzen herunter und brummte, dass es allen durch Mark und Bein fuhr. Schon hatte der Alte aufgehört zu fiedeln und griff zu seinem Knotenstock, doch der Bär drehte sich um und hieb mit einem leichten Schlag seiner Tatze dem Tataren den Knüppel aus der Hand, dass der gut eine Werst weit flog. Die Menschen sahen dies und erschraken furchtbar. Augenblicklich flohen sie in ihre Häuser. Voller Wut warf der Tatar seine Geige auf die Erde und zertrat sie mit den Füßen, bevor er selbst das Weite suchte.

Inzwischen war der Bär zu dem Mädchen getrottet, und es legte die Hand um seinen Nacken, als kennten sie sich schon lange. So zogen sie aus der Stadt hinaus. Niemand hielt sie auf, die Straßen waren wie leergefegt.

Der Bär warf noch einmal einen wehmütigen Blick auf die goldenen Türme, dann machten sie sich auf den Weg in den Wald.

An der Wand die Uhr jetzt schlägt,
Kerze flackert, Windsbraut fegt,
Vor dem Haus der Wind bläst kalt –
Traumbär trottet in den Wald.

Sechster Abend

„Mein lieber Bruder Bär“, so konnte man das Mädchen manchmal sagen hören, während sie durch die Wälder zogen. Der Bär sorgte, so gut er konnte, für Nahrung und suchte nach Wurzeln, Früchten und Beeren. Konnte er aber nicht so viel finden, dass es für beide reichte, musste das Mädchen an fremde Türen gehen und um Brot bitten. War aber im Wald nichts zu finden und gaben ihnen auch die Menschen nichts, so mussten sie Hunger leiden.

Nachts legten sich der Bär und das Mädchen in eine Höhle, an einen geschützten Ort oder unter die Wurzeln eines Baumes zur Ruhe. Der Bär schützte das Mädchen mit seinem warmen Pelz und beide schliefen, geborgen im Mantel der Nacht, ein.

Alle Tiere waren den beiden gut. Der heimliche König wurde geachtet und das Mädchen geliebt. Suchten die Tiere Schutz, brauchten sie Hilfe, so kamen sie zu dem Bären, waren sie krank oder verletzt, so kamen sie zu dem Mädchen und ließen sich gerne helfen.

An der Wand die Uhr jetzt schlägt,
Kerze flackert, Windsbraut fegt,
Kind, nun schließ die Augen zu –
Traumbär schläft in sanfter Ruh.

Siebter Abend

Nachdem sie lange Zeit durch die Wälder gezogen waren und die Sonne viele Male auf- und wieder untergegangen war, schien es dem Mädchen, als gingen sie einem bestimmten Ziele zu. Ihre Tagesreisen wurden länger, sie legten sich spät zur Ruh' und zogen früher wieder weiter. Rastlosigkeit war über den Bären gekommen, etwas schien ihn voranzutreiben. Eines Nachts, es war mitten im Winter, wachte das Mädchen auf, sie war allein, der Bär war verschwunden. Gleich erhob sie sich und folgte im Mondschein seinen Spuren. Sie führten aus dem Wald heraus zu einem großen Fluss und dort sah sie den Bären am Ufer stehen. Ganz vorsichtig und leise trat sie zu ihm. Sie wollte ihn nicht erschrecken. Da begann der Bär zu sprechen: „Nun bist du doch gekommen, liebe Schwester. Ich wollte nicht, dass du traurig seiest." Da wusste das Mädchen, dass die Stunde des Abschieds gekommen war. Der Bär fuhr fort: „Ich danke dir, dass du mir geholfen hast. Vieles habe ich erlebt, viel Böses, viel Gutes, und vieles habe ich gelernt. Doch durch dich habe ich den Menschen gesehen – und ich habe ihn liebgewonnen. Jetzt, meine liebe Schwester, kann ich wieder zurückkehren. Du weißt, woher ich in der Nacht kam, da ich zur Erde stieg, als mir mein Fell wuchs. Heute lass mich in mein Königreich ziehen, die Zeit hat sich erfüllt." Leise begann das Mädchen zu weinen. „Weine nicht", bat der Bär, „mitnehmen kann ich dich nicht, liebe, kleine Schwester, doch wenn wir uns wiedersehen, wirst du mir vermählt werden, zur rechten Zeit. Dies sei dir zur Freude. Den Pelz – auch ihn kann ich nicht mitnehmen, er ist von einer anderen Welt als meiner –, den schenke ich dir. Geh morgen hinaus auf das Eis des Flusses, dort wirst du ihn finden: Lass mich nun ziehen, du liebes Kind, und lebe wohl."

Langsam trat der heimliche König auf das Eis des Flusses. Das eine oder andere Mal blieb er noch stehen und schaute zurück. Am Ufer stand das Mädchen, das Mondlicht spielte in ihren Haaren und sie hatte eine Hand erhoben ihn zu grüßen. Und dann war sie allein.

Am anderen Tag holte sie das Fell, das sie für immer, ihr ganzes Leben lang, vor Bösem und vor Not bewahren sollte. Immer hatte sie so viel, dass es noch für Arme reichte.

Menschen starben, Menschen wurden geboren, das Fell wurde immer weitergegeben, von einer Hand zur anderen. „Und wenn die Zeit kommt, deren Ende ich nahen fühle", lächelte meine Großmutter, „werde ich das Fell der letzten armen Hand reichen, die sich mir entgegenstreckt."

Mit diesen Worten schloss die Großmutter ihre Geschichte.

An der Wand die Uhr jetzt schlägt,
Kerze flackert, Windsbraut fegt,
Über Erden geht ein Lied –
Traumbär in die Heimat zieht.

Tobias Richter

Abendlied

Der Mond ist aufgegangen,
Die goldnen Sternlein prangen
Am Himmel hell und klar;
Der Wald steht schwarz und schweiget,
Und aus den Wiesen steiget
Der weiße Nebel wunderbar.

Wie ist die Welt so stille
Und in der Dämmrung Hülle
So traulich und so hold!
Als eine stille Kammer,
Wo ihr des Tages Jammer
Verschlafen und vergessen sollt.

Seht ihr den Mond dort stehen?
Er ist nur halb zu sehen,
Und ist doch rund und schön!
So sind wohl manche Sachen,
Die wir getrost belachen,
Weil unsre Augen sie nicht sehn.

So legt euch denn, ihr Brüder,
In Gottes Namen nieder;
Kalt ist der Abendhauch.
Verschon uns, Gott! mit Strafen,
Und lass uns ruhig schlafen!
Und unsern kranken Nachbarn auch!

Matthias Claudius

Wie ein Hund einen wahren Freund fand

Vor langer Zeit lebte ein Hund mutterseelenallein im tiefen Wald und fühlte sich sehr einsam. Er beschloss sich einen Freund zu suchen, mit dem er zusammen leben wollte. Aber dieser Freund sollte stark und mutig wie kein anderer sein.

Und so ging er zum Wolf.

„Hör mal, Wolf“, sagte er, „wie wär’s, wenn wir beide zusammen wirtschaften würden?“

„Einverstanden“, sagte der Wolf.

Und so lebten Hund und Wolf zusammen.

Eines Nachts hörte der Hund im Wald etwas rascheln und begann sogleich zu bellen.

„Bell nicht“, rief der Wolf. „Das ist der Bär. Er könnte hierher kommen und uns beide zerreißen.“

„Sieh an“, dachte der Hund. „Der Wolf ist also nicht so stark, wie ich glaubte. Der Bär ist viel stärker, wenn ihn der Wolf fürchtet. Ich muss mich mit dem Bären befreunden.“

So verließ der Hund den Wolf und begab sich auf die Suche nach dem Bären. Er kam zum Bären und sagte:

„Hör mal, Bär, wie wär’s, wenn wir beide zusammen wirtschaften würden?“

„Warum nicht“, erwiderte der Bär.

Und so lebten Hund und Bär zusammen.

Eines Nachts hörte der Hund im Wald wieder etwas rascheln und begann sogleich zu bellen.

„Bell nicht“, rief der Bär erschrocken. „Das ist der Löwe. Wenn er uns hört, wird es uns übel ergehen.“

„Der Bär ist also auch nicht so stark, wie ich dachte, wenn er den Löwen fürchtet“, dachte sich der Hund. „Am stärksten ist also der Löwe, mit ihm muss ich mich befreunden.“

Der Hund verließ den Bären und ging den Löwen suchen. Als er ihn fand, sagte er:

„Hör mal, Löwe, lass uns zusammen wirtschaften.“

„Gut“, willigte der Löwe ein.

Eines Nachts raschelte es wieder im Wald und sogleich begann der Hund zu bellen, und der Löwe sagte:

„Bell nicht, ein Mensch schreitet durch den Wald. Wenn er uns hört, wird er mit dem furchtbaren Eisen, das Feuer speit, kommen und uns töten.“

„Also ist auch der Löwe nicht so stark, wie ich dachte“, überlegte der Hund. „Am stärksten ist demnach der Mensch.“

Und er verließ den Löwen und ging dem Menschen nach. Und als er zu ihm kam, sagte er:

„Erlaube mir, bei dir zu bleiben.“

Der Mensch stimmte zu und führte den Hund in seine Behausung. Er gab ihm zu trinken und zu essen und der Hund fühlte sich bei dem Menschen wohl.

Eines Nachts hörte der Hund wieder etwas rascheln und begann zu bellen. Der Mensch erwachte und streichelte den Hund beruhigend. Er sagte:

„Bell, soviel du nur kannst. So schüchtern wir einen jeden ein und zeigen, dass wir vor nichts Angst haben.“

Nun wusste der Hund, dass der Mensch der Stärkste auf der Welt ist. Und seitdem lebt er beim Menschen und dient ihm treu.

Der Ulmer Spatz

In der Zeit, als in Ulm das Münster gebaut wurde, dessen Turm noch heute der höchste Kirchturm der Welt ist, wollten die Handwerker einen Balken, lang wie ein Mastbaum, in die Stadt bringen. Dazu hatten sie ihn quer auf einen Wagen gelegt, den mehrere Ochsen zogen. Sie konnten ihn aber auf diese Art beim besten Willen nicht durch das schmale Stadttor hindurchschleusen. Da war guter Rat teuer: Was tun?

Man holte die Ratsherren und überlegte. Einer riet, den Balken zu kürzen, ein anderer, die Stadtmauer einzureißen, um das Tor breiter zu machen.

Während sie noch hin und her berieten und das Für und Wider erwogen, flog ein Spatz daher, der einen langen Strohhalm in sein Nest trug. „Schaut den kleinen Vogel“, rief plötzlich einer, „er zieht den Strohhalm der Länge nach in sein Nest! Wollen wir's nicht ebenso machen und den Balken der Länge nach durchs Stadttor bringen?“ Man probiert's und es ging.

So wurde der Spatz zum Lehrmeister für die Ulmer, denen seither der Spottname „Spatzen“ geblieben ist.

Die Igel

Wie die Frau des Schäfers den Komposthaufen auseinanderstößt, findet sie darin fünf kleine, rosige, weißstachelige Igelchen. In einem Haufen welken Grases hat ihnen die alte Igelin ein Nest gekratzt und sie warm zugedeckt. Da säugt sie tagsüber; aber nachts treibt sie sich im Garten umher und frisst sich an Schnecken und Würmern dick, scharrt Mäusenester aus und fängt junge Frösche.

Eines Abends, als der Schäfer vor der Türe sitzt und seine Pfeife raucht, raschelt es hinter dem Brennholz. Schnaubend und prustend kommt erst die Igelin angetippelt. Hinter ihr wackeln die fünf Kleinen. Da muss der Schäfer lachen. Es sieht zu putzig aus, wie die kleinen Dinger hinter der Alten herbummeln. Sie kratzen und scharren überall und stecken ihre Nasen in alle Löcher am Boden. Hastig rennen sie zur Mutter hin, denn diese hat einen tüchtigen Wurm bloßgescharrt und lässt ihn sich von den Kindern fortnehmen. So geht es eine Zeit.

Mittlerweile sind die kleinen Igel immer größer geworden. Sie halten sich auch nicht mehr zu der Alten, sondern gehen ihre Wege: der eine in die Heidberge, der andere in die Eichen, der dritte in den Wiesenbusch, noch einer in das Dorf und der letzte nach dem Immenzaun. Und wenn der Schäfer einen von ihnen trifft, freut er sich und spricht zu den Leuten: „Das ist einer von meinem Hofe.“

Hermann Löns

Ein Lied hinter dem Ofen zu singen

Der Winter ist ein rechter Mann,
Kernfest und auf die Dauer;
Sein Fleisch fühlt sich wie Eisen an
Und scheut nicht Süß noch Sauer.

War je ein Mann gesund, ist er's;
Er krankt und kränkelt nimmer,
Er trotzt der Kälte wie ein Bär
Und schläft im kalten Zimmer.

Er zieht sein Hemd im Freien an
Und lässt's vorher nicht wärmen,
Und spottet über Fluss im Zahn
Und Kolik in Gedärmen.

Aus Blumen und aus Vogelsang
Weiß er sich nichts zu machen,
Hasst warmen Drang und warmen Klang
Und alle warmen Sachen.

Doch wenn die Füchse bellen sehr,
Wenn's Holz im Ofen knittert
Und an dem Ofen Knecht und Herr
Die Hände reibt und zittert,

Wenn Stein und Bein vor Frost zerbricht,
Und Teich' und Seen krachen,
Das klingt ihm gut, das hasst er nicht,
Dann will er tot sich lachen.

Sein Schloss von Eis liegt ganz hinaus
Beim Nordpol an dem Strande;
Doch hat er auch ein Sommerhaus
Im lieben Schweizerlande.

Da ist er dann bald dort, bald hier,
Gut Regiment zu führen;
Und wenn er durchzieht, stehen wir
Und sehn ihn an und frieren.

Matthias Claudius

Herbstlaternen

Nun hüllt mit Nebelschleiern
Der stille Herbst uns ein.
Der Sonne Abschied feiern
Wir mit Laternenschein.

So zündet an die Kerzen
Und haltet gute Wacht:
Tragt euer Licht im Herzen
Durch dunkle Winternacht!

Martin Tittmann

Die drei Spatzen

In einem leeren Haselstrauch
Da sitzen drei Spatzen, Bauch an Bauch.

Der Erich rechts und links der Franz
Und mittendrin der freche Hans.

Sie haben die Augen zu, ganz zu,
Und oben drüber da schneit es, hu!

Sie rücken zusammen dicht an dicht,
So warm wie der Hans hat's niemand nicht.

Sie hör'n alle drei ihrer Herzlein Gepoch,
Und wenn sie nicht weg sind, so sitzen sie noch.

Christian Morgenstern

Herr Löffel und Frau Gabel

Herr Löffel und Frau Gabel,
die zankten sich einmal.
Der Löffel sprach zur Gabel:
Frau Gabel, halt den Schnabel,
du bist ja bloß aus Stahl!

Frau Gabel sprach: Herr Löffel
Ihr seid ein großer Töffel
mit Eurem Gesicht aus Zinn,
und wenn ich Euch zerkratze
mit meiner Katzentatze,
so ist Eure Schönheit hin!

Das Messer lag daneben
und lachte: Gut gegeben!
Der Löffel aber fand:
mit Herrn und Fraun aus Eisen
ist nicht gut Kirschen speisen,
und küsste Frau Gabel galant –
die Hand.

Christian Morgenstern

Mariens Sternenfahrt

Der Bote des heiligen Nikolaus, der durch die Reigen der Sterne wandert, begegnete dort oben der Mutter Maria. Sie ging, so erzählte er den Kindern, von einem Stern zum andern, um Gaben für die Kinder zu erbitten.

So gerne möchte sie ein Hemdlein für das Christuskind bereiten, damit es sich darin einhüllen soll, wenn es zur Erde kommt.

Darum gibt ihr jeder Stern des großen Zwölfer-Reigens am Himmel goldene Fäden aus seinem Strahlenkranz. Alle hehren Kräfte des Himmels, Sonne und die wandernden Sterne begrüßen sie und senden ihre Hilfe. Während die Erde im Laufe eines Jahres ihren Weg um die Sonne herum macht, führt Mariens Weg von Stern zu Stern. An den großen Festen, welche die Menschen auf der Erde feiern, zu Ostern, zu Pfingsten, da regen sich ihre Hände in fleißiger Arbeit, Faden legt sie auf Faden, immer wieder und wieder, sie webt ein zartes, schimmerndes Gewebe. Es glänzt ganz hell.

Sie eilt mit ihrer Arbeit. Zur Weihenacht muss das Hemdlein fertig sein. Immer bangt sie darum, ob es ihr wohl gelingen werde, denn das Gold der Sterne will allein nicht zusammenhalten, immer wieder strahlen die schön gelegten Sternengoldfäden auseinander. Da finden sich aber die Engel der guten Kinder, die hier auf Erden wohnen, als treue Mithelfer bei ihr ein.

Sie bringen hinauf auf ihren reinen Händen die guten

Taten, Gedanken und Worte der Kinder. Oben verwandelt sich all dies in Gold. Das ist das Erden-Seelengold der Kinder. Sanft glimmert es in den zitternden Fäden. Doch mit diesen goldenen Erdenfäden fügt und webt Maria die Himmelsgoldesfäden zusammen und bereitet dem Christuskinde das Hemdlein für die Weihenacht. Alle guten Kinder können also ihre Mithelfer werden.

Über Sterne, über Sonnen
Leise geht Mariens Schritt,
Lauter Gold und lichte Wonnen
Nimmt sie für ihr Kindlein mit.

Wenn Maria heilig schreitet
Von der Sterne Chor geschaut,
Wird von ihrer Hand bereitet,
Was zur Weihnacht niedertaut.

Karl Schubert

Winternacht

Es war einmal eine Glocke,
Die machte baum, baum …
Und es war einmal eine Flocke,
Die fiel dazu wie im Traum …

Die fiel dazu wie im Traum …
Die sank so leise hernieder
Wie ein Stück Engleingefieder
Aus dem silbernen Sternenraum.

Es war einmal eine Glocke,
Die machte baum, baum …
Und dazu fiel eine Flocke,
So leis als wie im Traum …

So leis als wie im Traum …
Und als vieltausend gefallen leis,
Da war die ganze Erde weiß,
Als wie von Engleinflaum.

Da war die ganze Erde weiß
Als wie von Engleinflaum.

Christian Morgenstern

Die Sternseherin Lise

Ich sehe oft um Mitternacht,
Wenn ich mein Werk getan
Und niemand mehr im Hause wacht,
Die Stern' am Himmel an.

Sie gehn da, hin und her zerstreut
Als Lämmer auf der Flur;
In Rudeln auch und aufgereiht
Wie Perlen an der Schnur;

Und funkeln alle weit und breit,
Und funkeln rein und schön;
Ich seh' die große Herrlichkeit
Und kann mich satt nicht sehn …

Dann saget unterm Himmelszelt
Mein Herz mir in der Brust:
„Es gibt was Bessers in der Welt
Als all ihr Schmerz und Lust."

Ich werf' mich auf mein Lager hin
Und liege lange wach
Und suche es in meinem Sinn;
Und sehne mich danach.

Matthias Claudius

Wanderlied

Bleibe nicht am Boden heften,
Frisch gewagt und frisch hinaus!
Kopf und Arm mit heitern Kräften,
Überall sind sie zu Haus;
Wo wir uns der Sonne freuen,
Sind wir jede Sorge los;
Dass wir uns in ihr zerstreuen,
Darum ist die Welt so groß.

Johann Wolfgang Goethe

Die Wunderblume

Es blüht eine schöne Blume
In einem weiten Land,
Die ist so selig geschaffen
Und wenigen bekannt.
Ihr Duft erfüllt die Tale,
Ihr Glanz erleuchtet den Wald,
Und wo ein Kranker sie siehet,
Die Krankheit entweichet bald.

Philipp Otto Runge

Eins und alles

Meine Liebe ist groß
wie die weite Welt,
und nichts ist außer ihr,
wie die Sonne alles
erwärmt, erhellt,
so tut sie der Welt von mir!

Da ist kein Gras,
da ist kein Stein,
darin meine Liebe nicht wär',
da ist kein Lüftlein
noch Wässerlein,
darin sie nicht zög' einher!

Da ist kein Tier
vom Mücklein an
bis zu uns Menschen empor,
darin mein Herze
nicht wohnen kann,
daran ich es nicht verlor!

Meine Liebe ist weit
wie die Seele mein,
alle Dinge ruhen in ihr,
sie alle, alle
bin ich allein,
und nichts ist außer mir!

Christian Morgenstern

Der Wolkendurchleuchter:
Er durchleuchte,
Er durchsonne,
Er durchglühe,
Er durchwärme
Auch uns.

Rudolf Steiner

Auf der Erde steh' ich gern

Text: Elisabeth Baumann

Melodie und Satz: Paul Baumann

2. Und im Wasser schwimm' ich gern in den Silberwellen,
dass ich von den Fischlein lern auf- und abzuschnellen.
E______ E______

3. Lustig spring' ich in die Luft, hätte gerne Flügel,
flöge wie die Vöglein leicht bis zum fernsten Hügel.
Ü______ Ü______

4. Auf zur Sonne schau ich gern, schenkt sie lichte Strahlen,
die mit Farben duftig hell bunte Blumen malen.
A______ A______

5. In mein Herzlein leg ich froh eure Gaben nieder,
Erde, Wasser, Luft und Licht, seid ja meine Brüder!
Ü ______ Ü______

Der Sperber

Text: Gabriele Böttcher

Melodie und Satz: Thomas Denig

The Early Morning

The moon on the one hand, the dawn on the other:
The moon is my sister, the dawn is my brother.
The moon on my left and the dawn on my right:
My brother, good morning, my sister, good night.

Hillaire Belloc

Chicken Family

Morning is coming,
Night is away.
Rise with the sun
And welcome the day.

Baby talk

Babies talk
In baby voices,
Making funny
Little noises

Babies don't ask
"How are you?"
Babies just say
"Goo, ga goo".

When you ask them
How they are,
Babies tell you,
"Ga, goo ga".

Babies talk
In baby ways,
But who knows what
They really say?

Jill McDougall

Crow

Crow, crow,
Where do you go,
When the day gets dark,
When the sun sinks low?

Crow, crow,
I want to know,
Do you rest in your nest,
With a little pillow?

Crow, crow,
Yes or no,
Do you do a little somersault
And hang by your toe?

Crow, crow,
Tell me if it's so,
Do you sleep with your little ones,
All in a row?

Crow, crow,
Please don't go,
Tell me where you sleep,
When the sun sinks low.

Jill McDougall

Reconciliation

Black fella
White fella
Dark fella
Light fella.

Different outside
Same within
Same blood
Different skin.

Same planet
Same sun
We are many
We are one.

Jill McDougall

Inhaltsverzeichnisse

Alphabetisches Inhaltsverzeichnis der Textanfänge

Inhaltsverzeichnis nach Überschriften

Inhaltsverzeichnisse nach Themen

Erde, Wasser, Luft und Licht

Gott und Mensch

Jahreszeiten

Stein, Pflanze, Tier und Mensch

Rätsel

Aus dem Nachwort für Erwachsene

von Caroline von Heydebrand, Februar 1928

Das Lesebuch hat innerhalb der Freien Waldorfschule nicht die Aufgabe, dass die Schüler an ihm die Druckbuchstaben kennen und lesen lernen sollen. Sie üben sich ja vom ersten Schultag an im malerischen Zeichnen, im Formengestalten und erleben die Buchstaben zunächst als künstlerische Form. Druckschrift und Schreibschrift üben sie zunächst malend, zeichnend und gestaltend. Nachahmend übernehmen sie die Formen, deren „Sinn" sie erst langsam, nach und nach, erfassen sollen.

Es kommt aber im *zweiten Schuljahr* der Zeitpunkt, wo sie in die Tätigkeit eingeführt werden sollen, die der Erwachsene heute als Lesen von Büchern ausübt. Darum wird unseren Schülern das erste Lesebuch so vorgelegt, wie eben auch Bücher für Erwachsene gestaltet sein können.

Das Lesebuch ist also in keiner Weise eine „Fibel".

Gedichte und Erzählungen erscheinen in derselben Schrift, die für Bücher heute im Allgemeinen üblich ist.

Das künstlerische Erlebnis der Buchstabenformen liegt also vor dem Beginn des Buchlesens und geht immer aus vom selbsttätigen Schaffen der Kinder.

Inhaltlich schließt sich das Lesebuch im Wesentlichen an den Erzählstoff der zweiten Klasse an. Es bringt Fabeln, Legenden, Märchen und Naturbeschreibungen, die noch nicht ins Naturkundliche gehen, sondern – der Altersstufe entsprechend – phantasievoll moralisch gestaltet sind.

Überall wird selbstverständlich die Tätigkeit des Lehrers und Erziehers vorausgesetzt. Er erzählt, gestaltet um, ergänzt und belebt, schafft vorher im Unterricht selbst die Grundlagen des fühlenden Verstehens für das Kind und geht zuletzt dazu über, das Kind die Dichtung lesen zu lassen. Der künstlerische Eindruck soll dann nicht mehr durch Erklärungen irgendwelcher Art gestört werden.

Einer besonders liebevollen erzählenden Ergänzung von Seiten des Erziehers bedürfen zum Beispiel die Fabeln, deren sittlicher Gehalt den Kindern in der Gegenwart nicht in rationalistischer, sondern in bildhaft-künstlerischer, herzlicher Form nahegebracht werden sollte.

Wie auf den Schwingen eines zarten, liebevollen Kinderverständnisses kamen die Worte zu den Seelen der Kinder, wenn Rudolf Steiner den Schülern der Waldorfschule in seinen Ansprachen mit herzlich gemütvoller Stimme Geschichten erzählte – zu den Seelen auch der Lehrer, wenn er ihnen

Beispiele einer Erzählkunst für die Kinder gab. Das Lesebuch bringt dafür zwei besonders schöne Beispiele.

Die Gedichte – und vielleicht auch einige der Prosaerzählungen – mögen vielleicht manchem so erscheinen, als ob sie über das Verständnis der Kinder weit hinausgingen. Der Erzieher kann aber doch die Wege finden, die zwar noch nicht zum intellektuellen, aber ganz sicher zum fühlenden Verstehen der Kinder führen. Für die Kleinen kommt beim Gedicht alles auf die künstlerische Form, auf Rhythmus, Takt und Melodie der Sprache an. Zu ihrem Inhalt werden sie sich etwa so verhalten, wie die Blumen, hätten sie Bewusstsein, sich wohl zur Sonne verhalten würden. Im Herzen die Schönheit und Wärme erfühlend, werden sich die Schüler wachsend zu ihrem Geistgehalt hinaufranken wollen.

In der Pädagogik Rudolf Steiners wird dem gesprochenen Wort eine viel größere Bedeutung geschenkt als dem gelesenen. Vieles, was man gewohnt ist, in Lesebüchern für diese Altersstufe zu finden, wird man in diesem Lesebuch vermissen. Das Beste und Schönste, auch das Wichtigste, kann dem Kind doch nur so gegeben werden, dass es von Herz und Mund des Lehrers unmittelbar zu Herz und Ohr des Schülers geht.

Das Lesebuch hat also nicht den Zweck zu lehren, sondern die Fähigkeit des Lesens, besonders auch des lauten, schönen und klaren Vorlesens, beim Kind zu üben.

Jeder, der Kindern Legenden erzählen konnte, weiß, wie sehr sie zum innersten Wesen des heranwachsenden Menschen in unserer Zeit sprechen. Die ehrfürchtige, innige Frömmigkeit, die sie in der Seele des Kindes pflegen können – dessen Lebenselement eben doch ein undogmatisches heiteres Frommsein ist –, sollte diesem Versuch eines Lehrbuchs für die Unterklassen der Freien Waldorfschule Farbe und Wärme geben.

Zur 18. Auflage

DER SONNE LICHT war das Erstlesebuch der Waldorfschule, mit dem die meisten Waldorfschüler in über neunzig Jahren das Lesen gelernt haben. Die erste Auflage trug noch den Untertitel „Lesebuch für Jung und Alt“, ein Hinweis auf die gesamtbiografische Bedeutung des Inhalts. Viele Ehemalige empfinden dieses Buch im Nachhinein als Einstiegstor in die literarische Welt. Einige Texte sind Keime, die später Blüten und Früchte bringen können. Nicht die Banalitäten des Alltags, die ja heute ungehindert in die Kinderwelt hereinbrechen, sondern die Sprache und ihr kultureller Hintergrund stehen im Mittelpunkt der Auswahl. So wie sich Kinder an Idealen und menschlichen Vorbildern aufrichten können, sind die Inhalte in Lyrik und Prosa Nahrung für die kindliche Seele.

Der Schreib-Lese-Vorgang in der Waldorfschule ist kein Schnelllesekurs. Das Verfahren an sich ist für Kinder interessant, auch für diejenigen, die schon lesen können, wenn sie in die Schule kommen. So wird von einem lesenden Erstklässler berichtet, der zu seiner Mutter zu Hause begeistert sagte: Heute hatten wir das „E“ und jetzt habe ich endlich verstanden, warum es „E“ ist. Ein entscheidender Vorteil dieses Vorgehens ist die Zulassung individueller Lerngeschwindigkeiten. Für das spätere Leben ist es völlig unerheblich, ob ein Kind in der ersten, zweiten oder gar dritten Klasse das Lesen gelernt hat; so wie manche von uns an ihrem zweiten Geburtstag schon sprechen konnten, andere dagegen an ihrem dritten noch keine vier Wörter über ihre Lippen brachten.

Es ist methodisch zu raten, dass die Kinder beim Lesenlernen Sprüche erst auswendig sprechen lernen, bevor sie sie „lesen“. Hierfür hat der Lehrer eine reiche Sammlung für die ersten Schuljahre.

Nun gibt es aber einige Kinder, die erhebliche Probleme beim Lesenlernen haben und zusätzliche Hilfen brauchen, z. B. Legastheniker (Lese-Rechtschreib-Schwäche). Bei der Neuauflage wurde darauf Rücksicht genommen. Zwar findet sich als Hauptschrift eine gängige Schrift mit Serifen (kleine Abschlussstriche an Kopf und Fuß der Buchstaben), doch gibt es einige, vor allem moderne Texte, die mit einer Groteskschrift (ohne Serifen) geschrieben sind. Beispiel: (mit) „WINTER“ und (ohne) „WINTER“. Bis ins 19. Jahrhundert gab es ausschließlich Serifenschriften, ehe sie im 20. Jahrhundert, außer in der Belletristik, mehr und mehr verschwanden. Erst seit der Computer den problemlosen Gebrauch einer Vielzahl von Schriften für jedermann zulässt, sind die Serifen wieder weiter verbreitet. Für das Lesenlernen kann eine Groteskschrift hilfreich sein.

Eine weitere Erleichterung ist die Verwendung unterschiedlicher Schriftgrößen. Auch die Abstände zwischen den Buchstaben und Zeilen spielen eine Rolle. Außerdem erleichtern kürzere Zeilenlängen und Abschnitte, die Sinnzusammenhänge ergeben, den Übungsprozess.

Ziel ist, dass sich die Schrift so wenig wie möglich zwischen den Text und den Leser stellt. Die Zeichen sollten kontrastreich geformt und klar zu unterscheiden sein und insgesamt ein harmonisches Schriftbild ergeben.

Zwischendurch lassen sich auch ausgefallene Schriften finden. Man begegnet ihnen nicht nur im Antiquariat, sie sind zu einem selbstverständlichen Handwerkszeug jedes Designers geworden. Die Beherrschung der Frakturschrift ermöglicht den Kindern den Zugang zum Reichtum der in

Fraktur gedruckten Bücher im Antiquariat und im heimischen Bücherschrank. Damit bietet die neue Ausgabe ein interessantes Übungsfeld mit einem breiten und vielfältigen Angebot an Schriftarten und -größen.

Die Textauswahl folgt den von Caroline von Heydebrand in ihrem Vorwort angesprochenen Gesichtspunkten. Etwa die Hälfte des ursprünglichen Inhalts wurde gegen neue Texte ausgetauscht, so dass es Gegenwartsbezüge gibt. Auch die allgegenwärtige Weltsprache Englisch, die an jeder Waldorfschule ab der ersten Klasse unterrichtet wird, kommt zu Wort. Das ermöglicht anregende Begegnungen, die über den eigenen Kulturraum hinausführen und dem Buch eine Perspektive bis in die 4. Klasse verleihen.

Zwei „klassische", in Waldorfschulen viel und gerne gesungene Lieder wurden aufgenommen, denn auch das Notenlesen bedarf eines Leselernprozesses. Die Tonarten sind so gewählt, dass die Kinder mit der C-Flöte leichtes Spiel haben, und wer in der dritten oder vierten Klasse schon ein weiteres Instrument spielen kann, wird für eine Vielstimmigkeit sorgen können.

Alles, was in die 18. Auflage neu aufgenommen wurde, hat einen Praxistest erfolgreich durchlaufen. Auch die Bilder sind neu – keine Kinderbilder, sondern – wie bei den Texten – künstlerisch anspruchsvolle Darstellungen. Das Wesentliche aber sind die Texte. Bilderbücher sind nun im Leben der Kinder Vergangenheit, dem Buch zum Lesen gehört die Zukunft!

Zu danken ist einer Vielzahl hier nicht namentlich genannter Kollegen, die am Zustandekommen der Auswahl mitgewirkt haben. Dank für die Unterstützung der Herausgabe geht auch an die Rudolf-und-Clara-Kreutzer-Stiftung, den Damus e. V. und die Rudolf Steiner Schule in Nürnberg.

Möge DER SONNE LICHT auch in weiteren Schülergenerationen Keime für die Zukunft legen.

Stuttgart, im Rudolf-Steiner-Jahr 2011 — Hansjörg Hofrichter

Zur 19. Auflage

Mit der Herausgabe der 19. Auflage konnten einige kleine Veränderungen und Ergänzungen gegenüber der 18. Auflage vorgenommen werden, die aber einer parallelen Verwendung beider Auflagen nicht im Wege stehen (z. B. „Das bucklige Männlein"). Bewährt hat sich die gleichzeitige Herausgabe einer Normal- und einer „Prachtausgabe", die sich nur in der Aufmachung unterscheiden. Zwischenzeitlich entstand auch eine „Pocketausgabe“ gleichen Inhalts im halben Format. Diese enthält im Anhang einen Kommentarteil, der vor allem für Lehrer hilfreich sein kann. Hier findet man Anmerkungen zu methodischen, lehrplanbezogenen und philologischen Fragen mit Informationen, die diesem Standardwerk der Waldorfpädagogik zur Verfügung gestellt werden.

Stuttgart im August 2012 Hansjörg Hofrichter

Abbildungsnachweise

„Christophorus“, Tafelbild (Kreide) von Thomas Wildgruber

„Der Drache“, Schülerarbeit aus dem Malunterricht der Oberstufe in der Waldorfschule Chemnitz von Brigitte Pütz

„Der Rabe“, Kreidezeichnung von Thomas Wildgruber zur Einführung des Buchstabens R.

„Flammende Herbstbäume“, Gotthilf Michael Pütz

„Sonnenaufgang“ und „Sonnenuntergang“, Johanna Schneider

„Weiden bei Nacht“, Gerard Wagner

Quellennachweise

Afrikanische Legende „Löwe, Wolf und Hyäne". Aus: Rudolf Steiner: GA 230, überarbeitet von Helmut von Kügelgen

Michael Bauer: „Das Kreuzlein auf der Preiselbeere". Abdruck genehmigt von Michael Bauer.

Ute Andresen: „Drinnen", „Nein", „Rätsel", „Ich bringe dich rasch".
Aus: „ABC und alles auf der Welt"
© 2002 Beltz & Gelberg in der Verlagsgruppe Beltz, Weinheim/Basel
„Eine große Familie". Aus: „Bruder Löwenzahn und Schwester Maus"
© 2004 Beltz & Gelberg in der Verlagsgruppe Beltz, Weinheim/Basel

Erika Beltle: „Aus Drei mach Eins" Aus: „Rückwärts schlüpft er aus dem Ei"
© Verlag Freies Geistesleben & Urachhaus
„Mit dem Ersten spielen Kinder…" Aus: „Der Anfang spricht sogleich vom Ende"
© Verlag Freies Geistesleben & Urachhaus
„Sie ist um mich…" Aus: „Pfiffikus' Schelmennuss"
© Verlag Freies Geistesleben & Urachhaus

Lisa-Marie Blum: „Kemal"
Aus: S. Bartholl „Texte dagegen"

Michael Ende: „Die Kaulquappe"
Aus: „Im Mondlicht wächst das Gras"
© AVA international

Robert Gernhardt: „Alarm! Hier spricht die Polizei", „Der Tag beginnt mit hellem Licht …", „Wenn die weißen Riesenhasen …". Aus: „Ein gutes Wort ist nie verschenkt". Gedichte und Geschichten für Kinder. © S. Fischer Verlag GmbH, Frankfurt am Main 2010

Herbert Hahn: „Erst wenn ich Lichtes denke …", „Bei jedem Bissen Brot …". Abdruck genehmigt vom Verfasser. Aus: „Sonne um Mitternacht"

Hans Georg Lenzen: „Kleiner Zirkus". Aus: „Die Stadt der Kinder" Georg Bitter-Verlag Recklinghausen, 1969
© Hans Georg Lenzen

Christian Morgenstern: Abdruck genehmigt von Margareta Morgenstern

Albert Steffen: „An Himmelfahrt". Abdruck genehmigt vom Verfasser.
Aus: „Wegzehrung" und „Pilgerfahrt zum Lebensbaum",
Verlag für Schöne Wissenschaften, Dornach

Rudolf Steiner: „Der Sonne Licht durchflutet …", „Der Sonne Licht …", „Vom Kopf zum Fuß …", „Vom kleinen und vom großen Veilchen", „Tischgebet", „Beim Läuten der Glocken", „Der Wolkendurchleuchter …".
Abdruck genehmigt von der Rudolf-Steiner-Nachlassverwaltung, Dornach

Jakob Streit: „Das Leuchtkäferchen" und „Der Haselstrauch".
Aus: „Kindheitslegenden".Abdruck genehmigt vom Verfasser

Synopse zur Frakturschrift

𝔄	𝔅	ℭ	𝔇	𝔈	𝔉	𝔊	ℌ	ℑ	𝔍	
A	B	C	D	E	F	G	H	I	J	
𝔎	𝔏	𝔐	𝔑	𝔒	𝔓	𝔔	ℜ	𝔖	𝔗	
K	L	M	N	O	P	Q	R	S	T	
𝔘	𝔙	𝔚	𝔛	𝔜	ℨ	𝔄̈	𝔒̈	𝔘̈	𝔄𝔈	
U	V	W	X	Y	Z	Ä	Ö	Ü	Æ	
𝔞	𝔟	𝔠	𝔡	𝔢	𝔣	𝔤	𝔥	𝔦	𝔧	
a	b	c	d	e	f	g	h	i	j	
𝔨	𝔩	𝔪	𝔫	𝔬	𝔭	𝔮	𝔯	ſ	𝔰	𝔱
k	l	m	n	o	p	q	r	s*	s**	t
𝔲	𝔳	𝔴	𝔵	𝔶	𝔷	𝔞̈	𝔬̈	𝔲̈	ß	𝔠𝔥
u	v	w	x	y	z	ä	ö	ü	ß	ch
𝔠𝔨	𝔣𝔣	𝔣𝔦	𝔣𝔩	ſſ	𝔣𝔱	ſ𝔱	𝔱𝔷	𝔞𝔢		
ck	ff	fi	fl	ss	ft	st	tz	æ		

* langes s: steht immer am Beginn und im Innern von Silben

** rundes s („Schluss-s"): am Ende von Wörtern oder Wortteilen